世界五千年

科技故事丛书

卢嘉锡题

《世界五千年科技故事丛书》
编审委员会

世界五千年科技故事丛书

诺贝尔奖坛上的华裔科学家

杨振宁与李政道的故事

丛书主编　管成学　赵骥民

编著　陶路　刘金江

吉林出版集团 | 吉林科学技术出版社

图书在版编目（CIP）数据

诺贝尔奖坛上的华裔科学家 ：杨振宁与李政道的故事 / 管成学，赵骥民主编. -- 长春：吉林科学技术出版社，2012.10（2022.1 重印）
ISBN 978-7-5384-6118-3

Ⅰ.① 诺… Ⅱ.① 管… ② 赵… Ⅲ.① 杨振宁－生平事迹－通俗读物②李政道－生平事迹－通俗读物 Ⅳ.① K837.126.11-49

中国版本图书馆CIP数据核字（2012）第156339号

诺贝尔奖坛上的华裔科学家：杨振宁与李政道的故事

主　　编　管成学　赵骥民
出 版 人　宛　霞
选题策划　张瑛琳
责任编辑　万田继
封面设计　新华智品
制　　版　长春美印图文设计有限公司
开　　本　640mm×960mm　1 / 16
字　　数　100千字
印　　张　7.5
版　　次　2012年10月第1版
印　　次　2022年1月第4次印刷

出　　版　吉林出版集团
　　　　　吉林科学技术出版社
发　　行　吉林科学技术出版社
地　　址　长春市净月区福祉大路 5788 号
邮　　编　130118
发行部电话 / 传真　0431-81629529　81629530　81629531
　　　　　　　　　　81629532　81629533　81629534
储运部电话　0431-86059116
编辑部电话　0431-81629518
网　　址　www.jlstp.net
印　　刷　北京一鑫印务有限责任公司

书　　号　ISBN 978-7-5384-6118-3
定　　价　33.00元
如有印装质量问题可寄出版社调换

序 言

十一届全国人大副委员长、中国科学院前院长、两院院士

路甬祥

放眼21世纪，科学技术将以无法想象的速度迅猛发展，知识经济将全面崛起，国际竞争与合作将出现前所未有的激烈和广泛局面。在严峻的挑战面前，中华民族靠什么屹立于世界民族之林？靠人才，靠德、智、体、能、美全面发展的一代新人。今天的中小学生届时将要肩负起民族强盛的历史使命。为此，我们的知识界、出版界都应责无旁贷地多为他们提供丰富的精神养料。现在，一套大型的向广大青少年传播世界科学技术史知识的科普读物《世

界五千年科技故事丛书》出版面世了。

由中国科学院自然科学研究所、清华大学科技史暨古文献研究所、中国中医研究院医史文献研究所和温州师范学院、吉林省科普作家协会的同志们共同撰写的这套丛书，以世界五千年科学技术史为经，以各时代杰出的科技精英的科技创新活动作纬，勾画了世界科技发展的生动图景。作者着力于科学性与可读性相结合，思想性与趣味性相结合，历史性与时代性相结合，通过故事来讲述科学发现的真实历史条件和科学工作的艰苦性。本书中介绍了科学家们独立思考、敢于怀疑、勇于创新、百折不挠、求真务实的科学精神和他们在工作生活中宝贵的协作、友爱、宽容的人文精神。使青少年读者从科学家的故事中感受科学大师们的智慧、科学的思维方法和实验方法，受到有益的思想启迪。从有关人类重大科技活动的故事中，引起对人类社会发展重大问题的密切关注，全面地理解科学，树立正确的科学观，在知识经济时代理智地对待科学、对待社会、对待人生。阅读这套丛书是对课本的很好补充，是进行素质教育的理想读物。

读史使人明智。在历史的长河中，中华民族曾经创造了灿烂的科技文明，明代以前我国的科技一直处于世界领先地位，涌现出张衡、张仲景、祖冲之、僧一行、沈括、郭守敬、李时珍、徐光启、宋应星这样一批具有世界影响的科学家，而在近现代，中国具有世界级影响的科学家并不多，与我们这个有着13亿人口的泱泱大国并不相称，与世界先进科技水平相比较，在总体上我国的科技水平还存在着较大差距。当今世界各国都把科学技术视为推动社会发展的巨大动力，把培养科技创新人才当做提高创新能力的战略方针。我国也不失时机地确立了科技兴国战略，确立了全面实施素质教育，提高全民素质，培养适应21世纪需要的创新人才的战略决策。党的十六大又提出要形成全民学习、终身学习的学习型社会，形成比较完善的科技和文化创新体系。要全面建设小康社会，加快推进社会主义现代化建设，我们需要一代具有创新精神的人才，需要更多更伟大的科学家和工程技术人才。我真诚地希望这套丛书能激发青少年爱祖国、爱科学的热情，树立起献身科技事业的信念，努力拼搏，勇攀高峰，争当新世纪的优秀科技创新人才。

目 录

引 子

　　瑞典首都斯德哥尔摩，素有"北方威尼斯"的美称，近一个世纪以来，这座位于波罗的海西岸，梅拉伦湖畔的美丽都市，因"诺贝尔奖"而享誉世界。

　　诺贝尔奖是以瑞典著名化学家诺贝尔的名字命名的，包括自然科学和人文科学奖项的综合性、国际性大奖。它以诺贝尔当时遗产的主要部分兑为现金（共计920万美元）作为奖励基金，以其利息（每年约20万美元。由于从每年的基金利息中按规定要抽出10%加入基金，还加上一部分没有发出去的奖金也并入基金，因此整个基金数目逐年增多）作为一年一度的奖金。诺贝尔奖从1901年开始授奖，每年12月10日（诺贝尔逝世纪念日）在瑞典斯德哥尔摩音乐大厅（颁发物理学、化学、生理学或医学、文学奖）和挪威的奥斯陆议会大厅（颁发经济及和平奖）分别举行隆重的颁奖仪式。每当这一天，该年度有关奖项的获奖者，一般都来出席这隆重的授奖仪式，接受这享有世界声誉的殊荣，并领取代表这殊荣的奖金、金质奖章和证书。除了在第二次世界大战期间因战争诺贝尔奖授奖工作停顿了若干年外，诺贝尔奖都是每年颁发一次。

在斯德哥尔摩这座世界名城中，最代表智慧和力量的建筑是市中心的蓝色音乐厅，因为一年一度的诺贝尔奖颁发仪式都在这里举行。隆重、庄严而又高贵的仪式，给多少人留下了终生难忘的美好回忆；美丽、庄重而又高雅的授奖大厅，令多少人终生向往！

1957年12月10日，在这庄严而又高贵的大厅里两名年轻的华裔物理学家——31岁的李政道（世界上第二年轻的诺贝尔奖金获得者）和35岁的杨振宁，获得本年度的诺贝尔物理学奖。在这以前，诺贝尔奖从来没有向华裔科学家颁发过。两位地地道道的炎黄子孙——杨振宁和李政道能第一次登上诺贝尔奖坛，作为一个中国人怎能不感到无比自豪！李、杨两人及他们的妻子于12月8日抵达斯德哥尔摩，来参加隆重的授奖仪式，令中国人感到欣慰和自豪的是杨振宁和李政道此次赴斯德哥尔摩，持用的还是当年留学出国时的中国护照。

12月的斯德哥尔摩，已是冰雪皑皑的隆冬季节，可前来领奖的中华骄子却感到心里暖融融的。10日下午4时30分，授奖仪式正式开始，瑞典国王古斯塔夫·阿道尔夫和皇后在音乐声中入场，全场起立表示敬意。紧随其后的是获奖人和将要在仪式上发表演说的科学家。按照诺贝尔委员会以往的次序：物理学、化学、生理学或医学、文学，获物理学奖的杨振宁和李政道走在这群人的最前面，在身着民族盛装的瑞典姑娘的引导下缓缓走进大厅；在《斯德哥尔摩狂欢曲》和热烈的掌声中，登上了神圣的诺贝尔奖坛。

庄严肃穆的奖坛中央，高悬着青松围就的诺贝尔的画像，画像下环抱着郁香的鲜花，表明了世界人民对功绩卓著的科学家的崇敬；大厅舞台的右侧，斜对着观众坐的国王和皇后；舞台的后排，坐着诺贝尔奖金委员会以及瑞典皇家科学院的几位科学家，他们将在这庄重的仪式上发表演说，对各领域获奖的工作进行介绍和评论；再后一个单独的席位是掌管奖金的人位置，看上去他严肃、机警，像守护神一样看护着价值百万美元的诺贝尔奖金；设计独特的诺贝尔金质奖章和印有获奖人姓名、点缀着与获奖内容相关图案的证书，分别摆放在每一份奖金的前面。

获奖者们按照物理学、化学、生理学或医学、文学的既定顺序依次坐在主席台左边，他们一律身着深色礼服、系白色领带，专注而又拘谨地端坐在很高的、刻有雕花靠背的扶手椅上，在他们的前排是芬芳四溢的鲜花；坐在最左边的，是黑头发、黄皮肤的杨振宁和李政道，他们眉清目秀，仪态大方，焕发着青春的朝气，格外引人注目。人们惊叹他们是那样的年轻，在他们充满朝气的脸上散发出青春的光彩，像是最艳丽的科学之葩，簇拥在花丛之间。

会议厅后侧纵深有上百个席位，阶梯起伏，坐满了瑞典皇家科学院和各大学的科学界名人。他们个个庄重肃穆，身穿清一色的黑色燕尾服，露出打着白色领结的雪白衬衫，乘车来会场时还头戴19世纪那种半尺高的大礼帽。妇女们穿着节日的盛装，花枝招展，妩媚动人；男人们则按要求着深色礼服，即使是记者，也必须系白色领带着黑色燕尾服。整个大厅笼罩着欢快、和谐与严肃的气氛。

乐队在二楼围绕着舞台的半圆形平台上，居高临下，奏起了乐曲。那声音仿佛从空中飘来，时而热烈激奋，时而婉转悠扬，令人激情奔放，又令人飘飘欲仙。

激动人心的时刻终于到了，当两位科学家介绍完本年度物理学奖获得者的贡献之后，乐队再次奏起《斯德哥尔摩狂欢曲》，在一片欢腾声中年轻的获奖者李政道和杨振宁走到舞台正中，接受国王授予的获奖证书、奖章和奖金。当杨振宁从国王手中接过纯金铸就，金碧辉煌的诺贝尔奖章时，心情非常激动，禁不住连手都微微颤动。

直径约8cm，设计独特的诺贝尔奖章是那样的令人神往：正面图像的中央，娇美的自然女神亭亭玉立，她的右手怀抱着一个盛满累累果实的硕大号角。在她的左边，站立着充满自信的科学女神，她正在轻轻地揭开自然女神头上的面纱……

这精致美丽的图案，富含哲理，寓意深长；它激励着人们去探索科学的奥秘，它慷慨地把丰收的硕果奉献给经过奋斗揭开自然奥秘的勇士……

两位年轻的中国物理学家——李政道和杨振宁，在诺贝尔奖坛上获得如此崇高的荣誉，震撼了中国，震撼了整个世界。他们同生在中国，长在中国，他们终生忘不了在中国母亲怀抱成长的日日夜夜。

生长在中国母亲的怀抱

杨家的长房长孙

1922年，正是军阀混战的年月。身为北洋军阀政府总理的段祺瑞以参加第一次世界大战为名，向日本政府大量借款，编练军队，迅速扩大了皖系军阀的势力；直系军阀曹锟、吴佩孚，奉系军阀张作霖，为了争夺势力、扩大范围，不断地明争暗斗。连年不断的战争，给中国老百姓带来了无穷的苦难。这一年的农历8月11日，在安徽省合肥县城内西大街四古巷的书香门第杨家宅院里，诞生了一个白白胖胖的男婴。按照家谱"家、邦、克、振"排行，这孩子是杨家"振"字辈长房长孙。

想当初清朝光绪年间，安徽太湖县都司杨家驹任期届满回原籍凤阳府，途经物产富庶、民风淳厚的合肥，流连忘返，落户此地时，仅是几口之家；如今读书的、经商的……杨家已有几十口之众，又迎来了第四代长房长孙的诞生，真可谓家族繁盛，人丁兴旺，杨家上下都乐得闭不上嘴。只是连年军阀混战，给人们心头投下了一块阴云。这亦喜亦忧的心情大约也体现在新生孩子的名字上。人们说孩子的父亲杨克纯（字武之）当时正在安徽省西南部的怀宁（今属安徽省安庆市）的一所中学教书，所以父亲就给他起名"振宁"。他企盼子宁、家宁、国宁。

父亲杨武之是一位刚直不阿、一身正气的教员，同时又是不断进取、勇于开拓的人才。

说他刚直不阿、一身正气，是因为他敢于与不良习气奋争，是不惧报复的严师。1918年，杨武之从北京师范大学毕业以后，受老同学蔡荫桥的聘请，到他中学时的母校——安徽省立二中任教，并担任训育主任。

他不满足现状，进取心很强。1923年振宁刚刚10个月，本来杨家生活优裕，武之又有中学教师这一相当不错的工作，守着妻儿，过平稳日子应该是蛮安逸的。可不断进取的杨武之，却不谋安逸，考取了省官费留学，辞别了妻儿，毅然踏上了充满艰辛的去美国求学之路。临行时，年轻刚毅的杨武之和仅10个月的儿子及娇美的妻子合照了一张照片，正是这张照片，伴他度过了远在大洋彼岸艰苦求学的6年时光。每当长夜不寐，杨武之就拿出这照片，了却他思乡之情。

武之来到美国，第一年在斯坦福大学攻读数学，获学士学位；第二年又就读于著名的芝加哥大学数学系。经过整整6年的艰苦奋斗，杨武之终于学成回国，成为著名学者。

战乱中的童年

杨武之的夫人罗孟华，是位端庄、贤惠、明智而又坚强的女性。她与杨武之早年由双方父母做主结为伉俪，其父罗竹泉是武之姑父刘芷生的好友。武之父母早逝，刘芷生对武之一家多方照顾，武之亦对姑父倍加敬重。

那时军阀混战常常打到合肥来，只要一听到军阀要打来的消息，全城的老百姓就立即四处逃跑：逃到乡下去或躲到医院里，老百姓称之为"跑反"。大家往乡下跑，是认为乡下地阔人少，便于躲藏；躲进医院，是因为当时的医院大多是外国人办的，躲里面相对比较安全。可是到处是子弹横飞，许多"跑反"的人往往还没跑到地方，就饮弹身亡了。老百姓终日惶惶不安，日子过得何等艰难！

丈夫只身去美国的那6年，接连不断地发生了第一次直奉战争（1922）、江浙战争（1924）、第二次直奉战争（1925）……今天孙传芳打败了皖系奉系军阀，明天又被别的军阀打得四处流窜，最后在1926年，盘踞在长江中下游的直系军阀吴佩孚终于被北伐军打败，但败军仍在合肥一带滋生事端，滋扰了很长一段时间。

年轻的罗孟华和幼子杨振宁相依为命。一有军阀袭来的消息，罗孟华就冒着危险，不顾一切地抱起儿子惊惶地"跑反"，常常是忍饥挨饿，惶恐不安，真是度日如年啊！

当时杨振宁还小，许多事情并不记得，但3岁那年的一次"跑反"后回合肥西大街的四古巷（现合肥市安庆路315号）杨家大院时，在房子角落里看到一个子弹洞，却给他留下了刻骨铭心的印象。一个弱女子，带着幼儿经历了令人难以想象的苦难；但机智而坚强的罗孟华一次次躲过了灾难。她有一个坚定的信念：不管有多大的苦难，不管有多大的危险，她都要保护好儿子，要把儿子培养成一个有知识、懂礼貌的读书人。

不管是"跑反"，还是在家里，从儿子咿呀学语时开始，罗孟华就开始教小振宁各种知识。1926年，小振宁还只有4岁，罗孟华开始教儿子识字了。慈爱的妈妈一个个地认真教，聪慧的小振宁一字字地学，时间只过了1年多，小振宁就已经认识3000多字了。半个世纪后，杨振宁回忆起这段经历时还不由得充满深情："我4岁的时候，母亲开始教我认方块字，花了1年多的时间，一共教了我3000多字。现在，我所认得的字加起来，估计不超过那个数字的两倍。"在杨振宁孩提时代，母亲就把智慧的种子温柔地撒在了他的心田里，使他永生不忘，他在自己60岁生日时出版的《杨振宁选集》一书的扉页上，工整而庄重地写了"献给母亲"4个大字，以抒发他不尽的深情……

杨振宁5岁那年，杨家请来一位老先生，教杨家的孩子读书，从此杨振宁开始了正式的读书生涯。老先生教的是《龙文鞭影》。老先生摇头晃脑地教，孩子们童声琅琅地读。偶尔，老先生还穿插着讲一些有趣的故事，给孩子们读书增添了不少乐趣。聪明好学的杨振宁本来就从母亲那儿学会了3000多字，所以学起来更是毫不费力，早早就把《龙文鞭影》背得滚瓜烂熟了，只是年龄太小，并不完全懂得其中的意思。

1928年夏季的一天，妈妈突然接到叔叔杨力磋从上海捎来的信，说小振宁的父亲就要从美国回来，请她带着振宁到上海迎接……

接到这突然而又盼望已久的消息，母子俩真是高兴万分。

"想不想爸爸？"母亲对兴高采烈的小振宁问，掩饰不住内心的无比激动。

"想！"10个月就离开爸爸的小振宁，虽然对爸爸的模样并无印象，但从平日妈妈的言谈里，从今天妈妈的眼神里，他深刻地感受到了，爸爸和妈妈一样，是他最亲最亲的人。他恨不得马上飞到上海，去见他朝思暮想的爸爸……

紧接着的几天是有趣的旅行，小振宁有生以来第一次走这么远的路，一想到就要见到爸爸，他真兴奋极了。终于母子俩到达了上海，经过整整6年的磨难，一家人在上海幸福地团聚了！

小振宁瞪着明亮的大眼睛，看着父亲出神。心里想：原来妈妈天天叨念的父亲，就是眼前这样一位先生：高高的、瘦瘦的，看样子还满和善。

爸爸见到自己虎头虎脑、聪明、漂亮的儿子，高兴得合不拢嘴。他一把搂过儿子，抱上膝头……

"念过书没有？"父亲亲切地问。

"念过了。"儿子的回答有点怯生生，他觉得眼前完全是个陌生人。

"念过什么书？"

"念过《龙文鞭影》。"看着依然微笑着的父亲，儿子的回答自然多了。

"能给爸爸背下来吗？"

"能！"儿子充满自信地说。因为他背书背得好，教书的老先生曾经夸过他。

小振宁很快就从头到尾背完了，忽闪着他那明亮的大眼睛看着爸爸。爸爸的脸上挂满了笑容。小振宁满以为爸爸也会像老先生那样夸他几句，不料爸爸却接着问他书上讲的是什么意思，这回可把小振宁给难住了。他还太小，不能解释书中的意思。

儿子沮丧地低下了头，他想，第一次见面的爸爸一定会很失望。不过爸爸还是送给振宁一支自来水钢笔。这，是小振宁从来没见过的东西，在当的中国是相当贵重而又稀罕的。小振宁又快乐了起来。

爸爸的归来，给全家人带来了幸福和欢乐，更给一家人带来了新的生活……

温馨的鼓浪屿和静谧的清华园

从1928年夏天起，因杨武之受聘于厦门大学任数学教授，小振宁随父母南下，来到了风景秀丽的沿海城市厦门。在这里，杨振宁开始了他少年时代正规的学生生活。

离厦门大学校园不远，就是中外驰名的佛教圣地南普陀；与南普陀山隔海相望的则是风光秀丽的鼓浪屿。杨振宁常随父母去鼓浪屿玩，那里给小振宁留下了美好的回忆。杨振宁一家至今还保存着当年在鼓浪屿拍下的一张照片，照片上的小振宁站在海边石柱旁正在嘟着嘴生气，那是爸爸刚刚说了他。30多年后（也就是1960），杨武之夫妇要去日内瓦与分别20多年的大儿子团聚，临行前振宁的弟弟翻出了这张照片，要给他们带上，武之却说："不要带，不要带，那天我骂了振宁一顿，他很不高兴。"

1929年秋，杨武之应清华大学之聘，出任数学系教授。全家人又随父亲来到了北平（今北京），在静谧的清华园度过了8年宁静快乐的时光。

当时的中国内忧外患，社会十分动荡，但清华园的围墙里却是与外界隔绝的世外桃源。杨振宁在专为清华大学职工子弟办的志成小学读书，在这被保护起来的环境里，他和他小学时的同学们度过了幸福的小学时代。

他在《读书教学四十年》一书中有这样一段甜美的回忆：

"在我的记忆里头，清华园是很漂亮的。我跟我的小学同学在院里到处游玩。几乎每一棵树我们都曾经爬过，每一棵草我们都曾经研究过……"

1933—1937年，杨振宁与清华园里的小伙伴一起上了北平西单绒绒胡同的崇德中学（现更名为北京三十一中）。崇德中学是一所完全中学，每个年级仅招生50余人，全校总共有学生300余人，教师五六十名。在崇德中学，杨振宁受到了良好、正规的中学教育。中学时代的杨振宁已崭露才华，他聪敏好学、兴趣广泛，各科学习都很好，尤其是数理化更是成绩优异。

动荡颠沛的求学生涯

1931年9月18日，震惊世界的"九一八"事变发生了！日寇侵占东北，烧杀掠抢，惨绝人寰，愈来愈深重的国难降临到中国人头上。

1935年杨振宁正在念初中，偌大的北平已经放不下一张平静的书桌了。日益高涨的抗日救亡运动和悲壮苍凉的歌声"我的家，在东北松花江上……"激荡着少年杨振宁；"团结起来！打回东北！收复失地！"这些爱国口号和祖国沦丧、国破家亡的惨状震撼着少年杨振宁，他不得不思考很多很多问题。

最令少年杨振宁激愤的是这样一件事。

1935年12月9日，北平6000余名学生举行抗日爱国游行示威，却遭到大批反动军警的残酷镇压。第二天义愤填膺的杨振宁与崇德中学的师生一起参加了全市学生总罢课；并在这以后，代表崇德中学参加了于中山公园举行的中学生演讲竞赛，演讲的题目是《中学生的责任》。

从1937年起，北平的形势更加紧张，日本侵略军在北平西南宛平附近连续举行挑衅性军事演习的消息，接连不断地覆盖着北平报纸的版面，成了老百姓家家户户关心、议论的中心。

当年7月7日，日本侵略者蓄谋已久的卢沟桥事变爆发，北平的局势顿趋紧张。此时清华大学放了暑假，杨振宁也离开崇德中学，放假回到了父母身旁。杨武之考虑夫人即将分娩，于是带着全家从北平搬回老家合肥。

9月，杨振宁进了合肥大书院的省立六中（即后来的庐州中学）继续读高二。在合肥的几个月里，杨振宁首次尝到了被日寇轰炸的滋味。开学不久，日本侵略军的飞机越来越频繁地轰炸合肥，省立六中只好迁到巢湖西岸的小镇——三河镇，这时杨振宁的家也由合肥迁到了三河镇。不久，战事又紧，省立六中不得不停办了。从此杨振宁边自学，边随家四处颠沛流离，开始了动荡不安的生活。

12月，日本军国主义者制造了惨绝人寰的南京大屠杀。消息传到三河镇，镇上人心惶惶，气氛顿时紧张了起来。不久日本飞机又频繁轰炸合肥，大批难民流过三河镇，向西涌去。然而此时武之却刚好不在家，这使罗孟华感到焦虑不安。

原来由于战事吃紧，清华、北大、南开三所大学不得不奉命合并，组成临时大学（即后来迁至昆明的西南联合大学）南迁。先迁至长沙。武之已于数月前，只身前去任教。兵荒马乱，武之一人在外就已经令人担忧了，三河镇又住不下去了，罗孟华真是左右为难。罗孟华不敢走远，带着全家躲到与三河镇毗邻的桃溪镇暂时栖身，日夜盼着丈夫归来。

苦苦盼到1938年1月，武之终于从汉口辗转回到了安徽，在桃溪镇会着了妻儿。临时大学已决定迁往昆明。他这次回来就是专程接全家去昆明的。历时月余，一路上担惊受怕，风餐露宿，历尽艰辛。

当时临时大学从长沙迁往昆明，师生分两路入滇：女学生和家眷走海路，取道广州、香港，经越南入滇；另一路则走陆路，由300多名师生组成步行团，取道贵州入滇。杨振宁一家走的是第一路；走第二路的步行团中有闻一多等著名教授十余名，他们和其他师生一道，顶风冒雪、跋山涉水，战胜了无数艰难险阻，步行1500千米，历时60余天，于4月28日到达昆明。

两路师生分别到达昆明后，由清华、北大、南开合并而成的临时大学遂正式更名为西南联合大学，是当时中国师资力量最强、规模最大的教育中心。在那腥风血雨的战争年代，西南联大荟萃了中国当时第一流的学者，培育了中华日后最精良的人才。

功不可没的西南联大

1938年初，杨振宁随父母到昆明后，就在昆明的昆华中学继续读高二。在那时，辗转而来的中学生非常之多，所以教育部在1938年的夏天公布了一项措施：所有学生不需要文凭，可以凭同等学力报考大学。所以杨振宁在念完二年级后，没有再念高三，于当年夏天以同等学力参加了统一招生考试，考进了西南联大。

然而，国难当头，这些爱国的科学家，把自己的安危置之度外，他们宁愿过这种困苦的生活，而不去侵略者统治下过较为舒适的生活。杨振宁对西南联大困苦的生活有过这样一段生动的描写：

"在西南联大从1938到1942年，我念了四年的书。那时联大的教室是铁皮顶的房子，下雨的时候叮当之响不停。地面是泥土压成的，几年以后，满是泥坑……窗户没有玻璃。风吹时必须要用东西把纸张压住，否则就会被风吹掉。"

战争给师生们带来了学生的灾难，常常是正在上课，就要跑警报躲飞机。然而西南联大的学术风气却非常良好，教师的阵容非常强大。清华、北大、南开三所著名大学原有的教师都在联大教书，名教授非常多。

因为杨振宁没读过高三，没学过高中物理，所以投考西南联大时报的是化学系。入学之后杨振宁逐渐发现，现代物理中，许多令人万分激动的新思想不断涌现，新理论不断创立，新发现层出不穷。

自从1895年伦琴发现X射线，揭开了现代物理发展的序幕以后，紧接着贝克勒尔发现了放射性（1896）、汤姆逊发现了电子（1897）；特别是普朗克大胆引进"能量子"的设想，建立了与当时实验结论完全相符的黑体辐射公式（1900），奠定了现代物理学的基础以后，人们对物质世界的认识更加深刻；爱因斯坦创立了狭义相对论，并推广普朗克的理论提出了"光量子"的假说，成功地解释了光电效应，即光照金属表面，金属表面逸出电子的现象（1905）；卢瑟福通过著名的 α 粒子散射实验，建立了原子结构的有核模型（1911）；玻尔把量子化的思想引入原子结构模型，成功地解释了氢原子光谱（1913）；在光量子理论的启发下，德布洛意提出物质波假说，把光的波粒二象性理论推广到所微观客体（1924）；随后，薛定谔和海森堡分别从波动力学和矩阵力学两个角度，异途同归地创立了量子力学……

更令杨振宁振奋的是，30年代前后，原子物理和粒子物理的迅猛发展：狄拉克提出空穴理论并预见正电子的存在（1929）；泡利假设存在中微子，并以此解释了 β 衰变的连续能谱（1930）；查德威克则发现了打开原子核大门的钥匙——中子（1932），这一点很重要，因为这预示着核裂变即将被人类发现；紧接着当代物理大师费米提出了 β 衰变理论，诺贝尔奖金获得者居里夫妇发现了人工放射性……世界科坛正在为核时代的到来进行着最具开创性的冲刺。

在这物理学界大变革、大发展的时期，每一项发现都使刚刚跨入联大校门的杨振宁激动不已。他觉得物理对自己更有吸引力，自己对物理更感兴趣，就毅然决然地转入物理系学习。

战时的西南联大，汇聚了清华、北大、南开三所中国名牌大学的师资力量。然而最起决定作用的是，教杨振宁物理的更是名师荟萃。

最年长的，是叶企苏教授，他曾与人合作进行了普朗克常数的测定（1919—1923），这一世界物理史上第四次的测定值（6.556 ± 0.009）$\times 10^{-27}$尔格秒，为世界物理界沿用了16年，他还独立地研究了流体静压对铁、镍、钴的磁导率的影响，开创了中国物理学界这一领域的研究道路。

饶毓泰是另一位资格较老的教授，当年（1922）从美国获博士学位回国后，创办了南开大学的物理系，出类拔萃的吴大猷教授就是他的学生；他还在德国的莱比锡大学从事过原子光谱线的斯塔克效应的研究，在量子力学这一重要的应用领域中作出过贡献。

此外还有来自清华的霍秉权教授，他是留学剑桥大学的学者，擅长粒子实验物理；来自北大的教授朱物华，是哈佛大学的电工博士，专攻电网络及瞬流等问题；北大的马仕俊教授，是剑桥的理论物理学者，专长场论；曾在法国和奥地利从事过拉曼效应研究的学者郑华炽教授，也来自北大；而著名的许贞阳教授，则来自南开……

教杨振宁普通物理的是擅长实验的物理学家赵忠尧。他于20年代末进行了硬γ射线的吸收和散射实验，并与其他几位科学家同时发现了重元素的反常吸收；他发现了在反常吸收过程中还放出一种特殊辐射，并测定了这种特殊辐射的波长。重元素对硬γ射线的反常吸收和同时放出的特殊辐射，是人们最早接触到的正负电子对的产生和湮没的过程，比正电子在宇宙线中的发现早两年，赵忠尧教授因此而饮誉科坛。赵忠尧教授给杨振宁印象最深的是他那对事业孜孜以求的精神。杨振宁还清楚地记着这样两件事。第一件事是在清华大学撤离北平来昆明的途中，赵忠尧教授克服难以想象的困难，一路上精心保护着50mg镭。就是用50mg镭，赵教授给西南联大物理系的学生们开展了难得的人工（中子）放射性元素实验；第二件事是在西南联大艰苦的条件下，他和张文裕教授一起，发动学生冒着敌机轰炸、扫射的危险，在昆明全市到处收购废铜烂铁，想建一座小型加速器，两位教授为此深感遗憾。在兢兢业业的赵教授的教导和影响下，杨振宁学习更加勤奋刻苦，他的普通物理课的成绩是99分，在联大存在的8年中，这是这门课最好的成绩。

教杨振宁电磁学的是1926年在美国芝加哥大学获博

士学位后回国的著名学者——吴有训，他是芝加哥大学康普顿（A.H.Compton，1892—1962）教授一生最得意的学生，在验证著名的"康普顿效应"方面做了一定的工作。1924年夏天，康普顿让他的研究生——中国留学生吴有训做X射线实验。两年以后，吴有训以《康普顿效应》为题完成了他的博士论文。他以铁的事实，无可置疑地证实了康普顿效应。由于发现康普顿效应的意义十分重大，康普顿于1927年与英国物理学家威尔逊（C.T.R.Wilson，1896—1959）一起荣获了诺贝尔奖。吴有训以其工作严谨、刻苦和颇有成效，而被康普顿誉为自己一生中最得意的学生。从1928年起，吴有训教授先后任清华大学物理系教授、系主任、理学院院长。由于他与杨振宁的父亲杨武之既是芝加哥大学同学，又是清华的同事，所以杨振宁从小就认识这位著名学者。

著名的北京大学校长、中国科学院副院长周培源教授在当时教杨振宁力学。周培源教授是1924年赴美国的留学生，学成回国后，在清华大学物理系任教。在任课的同时，还在清华大学的理科研究所物理部从事科学研究，他先从事广义相对论的研究，后又对磁性理论进行了研究；在30年代，当流体力学中的湍流理论研究，在世界上逐渐成为研究热点时，周教授正在西南联大那种几乎与世隔绝的环境下，独立地进行着湍流运动的研究。在此期间他指导的研究生林家翘，1939年考取了中英庚款留学生后，沿着湍流研究方向继续钻研，终于解决了湍流理论上的一个基本性的重要问题。周培源教授活跃的科学思想及持之以恒的奋斗精神，都给杨振宁以深刻的影响。

对杨振宁颇有影响的还有受业于英国剑桥大学卡文迪许实验室主任卢瑟福教授的张文裕，他在西南联大最早开设了原子核物理课。张文裕教授的课，使杨振宁大开眼界，使他在读大学时就得以较全面地了解了当时前沿学科的实验结果和理论，为他日后的研究起了重要的作用。

然而对杨振宁影响最大的两位导师还应该说是吴大猷教授与王竹溪教授。

影响最大的两位导师

吴大猷教授指导杨振宁写学士论文，而指导杨振宁完成硕士论文的是王竹溪教授，这两位教授是杨振宁学业成长中最有影响的人。

1941年，吴大猷教授为西南联大物理系四年级的学生讲授古典力学和量子力学两门课程，当时杨振宁和黄昆、李荫远等是吴教授的学生，吴老师非常喜欢这些学生，称他们为"群英会"，以教这样的学生而感到快乐。他常常谦虚而又赞赏地说：

"除了我比他们多知先知一点外，他们的能力是比我高的。"

1941年秋，在吴大猷教授讲授的古典力学即将结束时，他给同学们出了10余个题目，任学生挑选，以完成他们的学士论文。几天以后，杨振宁选中了其中的一个题目："用群论方法于多原子的振动"，去找吴大猷老师，请吴大猷做他的论文导师，并请老师给介绍一些参考资料。吴大猷本来就从内心里喜欢这位学习勤奋的学生，再加上杨振宁正好选中了他所擅长的领域，所以吴大猷欣然同意指导这位高材生。他给了杨振宁一本《Reviews of Modern Physics》（《现代物理评论》），叫杨振宁去研读其中罗森塔尔（J.E.Rosenthal）与墨菲（G.M.Murphy）合写的那篇讨论分子光谱学与群论的关系的评论文章，并写出自己的心得。

在西南联大，吴大猷边教学边科研，到昆明的第一年就写出了《多原子分子的振动光谱和结构》的专著，还做了有关原子能谱、自游离化理论等的研究。1941年夏天，吴大猷教授在给杨振宁他们开课前，用了整整一个暑假，把马仕俊教授新从英国带回来的E.Wigner的德文著作《群论与其在原子光谱的应用》翻译成了英文。这是一本珍贵手稿，在当时具有相当高的学术水平。杨振宁在写论文时曾潜心钻研过这本书，然而这本珍贵的手稿后来却不幸遗失。此书数年后另有他人译成英文出版，而吴大猷先生的译稿要比其早近10年。

因此可以这样说，吴大猷教授指导杨振宁完成《用群论方法于多原子振动》的学士论文不仅得心应手，而且有相当的深度，这使杨振宁终身都受益匪浅。

杨振宁选择应用群论方面的题目还有一个重要的原因，那就是在他上高中的时候，他就在父亲杨武之的影响下自学过群论。那时，少年杨振宁常常看父亲书架上一本斯派塞（A.Speiser）的关于有限群的书，被它奇妙而美丽的插图所迷住。杨武之是专于群论的数学家，并为清华的研究生开过群论课。当年华罗庚、陈省身都学过杨武之的群论课，并受益于此。杨振宁渴望用这个无与伦比的数学工具去研究他心爱的物理学，所以吴大猷老师的这个题目对杨振宁有特殊的吸引力。

父亲杨武之看到儿子兴趣十足地利用他所擅长的群论来研究前沿的物理问题，立即把自己珍藏多年的《近代数学理论》（《Modern Algebraic Theories》）拿给了杨振宁，这是他在芝加哥大学的老师狄克逊（Dickson）写的。杨振宁如获至宝，立即废寝忘食地读了起来。这本书写得十分精练，没有废话，非常合杨振宁的口味，仅用20页就把群论中的"表示理论"非常美妙地完全讲清楚了。他一口气读完了这本薄书，又忍不住反复研读其中的重要章节。在不断深入的钻研中，杨振宁深深感受到了群论无与伦比的美妙，这更激发了他在物理学中深入应用群论的自觉性。这对他日后在对称性原理领域作出突出贡献有决定性的影响。杨振宁常常深情地说："我对对称原理发生兴趣，实起源于那年吴先生的引导。"所以，当他在广播中得知自己和李政道同获1957年诺贝尔奖时，立即给在加拿大的吴大猷教授写了一封信，感谢吴先生在1941年引导他进入对称原理和群论理论的领域。他对吴大猷说，包括后来宇称守恒在内的许多研究工作都直接与吴先生15年前介绍给他的那个观念有关。杨振宁深情地写道："这是一直都想告诉您的事情，而今天显然是个最恰当的时刻。"

在西南联大，另一个对杨振宁颇有影响的是王竹溪教授。1942年夏天，杨振宁从西南联大毕业，取得理学学士学位，随后又入西南联大研究生院读两年书。在这两年期间，杨振宁在王竹溪教授的影响下，对统计物理发生了浓厚的兴趣。

1938年秋天，刚刚步入联大的杨振宁从化学系转入物理系学习时，他发现新来了一位最年轻的教授。不久，杨振宁才知道，这位新来的年轻教授叫王竹溪，是在英国剑桥大学获博士学位后毅然回国的，当时欧洲战火还未起，而中国的大片土地已沦为日本帝国主义的殖民地。王竹溪教授不图安逸，不贪享受，谢绝了老师、朋友的挽留，毅然离开平静的欧洲，回到战火中的祖国，回到条件艰苦的昆明，和西南联大所有的师生们一道过着极为艰难困苦的生活。杨振宁和所有联大的师生们一样，都十分敬佩王竹溪教授，钦佩他的这种爱国主义情怀。

王竹溪教授博学多才，功底极深，他不仅在西南联大授课，而且还到工学院去任教，他不仅一丝不苟地完成了教学任务，而且还在昆明那种极其艰苦的条件下坚持科学研究，完成了有关热力学、统计物理等学科的多篇学术论文，发表在《中国物理学报》和国内外其他科学刊物上。大家一致叹服的是王竹溪教授突出的计算功底。在研究中每遇到计算工作，他都自己亲自计算，不用对数表，也不用任何计算器具，又快又准，即使后来有了计算机，也不需用计算机。他的神算功能和他一丝不苟的严谨学风给人们留下了极为深刻的印象。

在王竹溪逝世后，中国科学院的学部委员彭恒武、黄祖洽、周光召、何祚麻曾联名撰文悼念他：

竹溪同志的突出贡献，在于他培育了一大批有成就的后辈理论物理工作者，真可谓桃李满天下。例如，国际著名学者、规范场论的创始人、宇称不守恒定律发现者之一、诺贝尔奖获得者杨振宁教授，就是竹溪同志在西南联大时的研究生。竹溪同志在治学方面的严谨严密，一丝不苟的学风，也直接影响到杨振宁教授的治学。

杨振宁在联大读研究生期间，正是统计物理蓬勃发展，显露出广阔应用前景的时期，也是王竹溪教授正当年轻，初露才华之际。杨振宁钦佩王教授的治学风范，更想在统计物理这一领域有所造就。他找王竹溪教授请他做自己硕士论文的指导教师。在王先生的指导下，杨振宁写了关于统计力学方面的硕士论文——这对他后来的研究有很大的影响。

雄心勃勃去美国

"爸爸！我长大了要争取得诺贝尔奖！"在考入西南联大之前，少年时代的杨振宁曾极为认真地这样对杨武之说。

振宁和他爸爸的这段对话就在西南联大传开了。其实，要得诺贝尔奖，不仅是小杨振宁的宏图大志，也是杨武之全家的美好愿望。这个愿望在抗战时期西南联大熟悉杨武之教授的同事中，是早有传闻的。

人们戏言猜测："杨武之的儿子数学很好，为什么不子从父业攻读数学而学物理？哦！因为数学没有诺贝尔奖！"

确实，杨振宁是一个有抱负、有志向的人，他要求自己非常严格，他选择学习物理的确有他自己的考虑。

1951年，杨振宁夫妇的第一个儿子出生了，刚刚做了父亲的杨振宁，抑制不住内心的喜悦，立即飞信万里向朝思暮想的祖国亲人报喜，并请祖父为新出生的孙子起名。

经过再三考虑，杨武之先生郑重命笔，写下了寓意深远的三个字：杨光诺。人们说，这名字不同一般，无论从什么角度去理解这名字，你都能体会到杨武之老先生对子孙的殷切期望和良好祝愿。

果然不出6年，老先生的美好愿望得到了实现，少年时代杨振宁与他父亲的对话成为了现实——杨振宁与李政道一起共获诺贝尔奖！然而杨振宁真正的追求，却不尽在此……

1943年，即将硕士毕业的杨振宁参加了清华大学第6届留美公费生考试，经过认真选择，他报考了高电压专业，决心今后从事实验物理的研究。第2年夏天，杨振宁榜上有名，他是物理专业唯一考取的学生。之后的时间，即从1944年秋天至1945年夏天，在取得硕士学位等待出国期间，杨振宁在联大附中教了一年（范氏大代数），教课之余又精心研究了场论。

1945年8月中旬，杨振宁终于接到了办理出国手续的通知，整装待发了。此时的杨振宁再不是7年前报考联大时圆脑袋、大眼睛，充满稚气地跟爸爸说要得诺贝尔奖的少年，而是棱角分明、朝气蓬勃的英俊小伙了。他的两眼炯炯有神，闪烁着智慧、显示出刚毅，不仅对未来充满了希望，而且满怀着信心。他就要到远离祖国的大洋彼岸去探求一个完全陌生、完全崭新的世界，去寻访名师，去实现自己，不，是全家，乃至全中国人的美好愿望——为全人类的科学事业作出炎黄子孙的贡献！

在漫长的航程中，杨振宁的心情并不轻松。白天，他凭栏眺望无边无际的大海，心潮如海浪般汹涌奔腾，他心中一千遍一万遍地涌起："我要去寻找物理大师费米教授！我要成为一个真正的实验物理学家！"夜晚，在轰响的马达和美国大兵的喧闹声中他久久不能入睡，家乡亲人们的形象，一个个映入脑海，此时此刻他怎能料到，这一别就是几十年！

杨振宁踌躇满志，不远万里去寻访名师，像追逐太阳一样去寻找他敬慕的物理大师——费米（E.Fermi，1901—1954）教授，不知费了多少周折。

然而，除了杨振宁，当时仰慕费米大师的，还大有人在，他，就是与杨振宁同在联大读书、同为吴大猷先生高足、同生在中华沃土的李政道。

李家的"三糊涂"

李政道教授的研究成果一直处于世界领先地位，不断取得世界性成果，是与他的呕心沥血的科学奋斗精神分不开的，也是与他的家庭的良好影响、师长的辛勤培养、科学的治学方法、完美的道德观念等分不开的。

1926年11月25日，李政道出生在中国的上海。他的祖父曾是位基督教苏州卫理会颇有声望的会督，父亲李骏康毕业于南京金陵大学农化系，是经营化工化肥产品的生意人。母亲张明璋是上海启明女子中学的毕业生。他的家庭可谓名门望族，是旧中国不可多得的知识分子家庭。

　　李政道的父亲虽然经商，但对子女的管教却十分尽心和严格。他很注意对子女的早期教育，特聘了数学、英语、中文等家庭教师，从小就给孩子打下坚实的基础，还为孩子请了武术教练，习武强身，增强体魄，少儿时代李政道的学业和身体就有良好的基础，聪明才智得以开发。在父亲的精心安排和母亲的直接照管下，五子一女茁壮成长，学有所长，个个都是大学毕业生。

联合中学里的小先生

　　在联合中学的日子里，生活虽然苦些，但毕竟有个安静的学习环境。酷爱学习的李政道如饥似渴地学习科学文化知识。他的数理天赋就在这里得到了升华。两年过去了，李政道的学习成绩一直优秀。由于战争连绵不断，学校师资奇缺。

　　高三时，有一天，学校训导主任叫人把他请来，对他说："不少老师都说你学得不错，特别是数学、物理更突出，天赋很高。校方经再三考虑，想让你来为低年级同学上这两门课，不知你意下如何？"

　　"让我当先生？！"李政道吃惊地愣住了。

　　坐在一旁的数学老师开口说："政道同学，能当好老师，可不是件容易的事；当老师对你是大有好处的，对学校也能解燃眉之急。"

李政道被这突如其来的消息震惊了，面对主任、老师的恳切要求，却无言以对。稍过片刻，突然绽开笑脸，使劲地点点头。就这样，李政道一边学习，一边授课。

不久，李政道的两位兄长先后上了大学，他一人仍留在江西读书和当"小先生"。他常到广西柳州去找二哥，嗜书如命的李政道总是读书，旅途中常糊里糊涂地丢掉行李，可就是身边的一箱书从来没有丢过。中学毕业时，他去找二哥，一下火车就打电话："二哥快来，我要饿死了。"原来他又把东西丢了个精光，腹内空空，寸步难行。当二哥赶到车站时，李政道却在候车室里专心致志地看书呢。在李政道以后的生涯中，他一直博览群书，除了中外专业书外，对中外历史、文学、乃至科幻、侦探小说无所不阅。他常说："人和猴子的最大区别是，猴子的每一代只能通过细胞来遗传，它们的个体每一代都得从头学起。而人类则可以用文字记载前人的知识，一代一代地积累起来，汇集成书。读书就是掌握前人的知识，是非常重要的。"

流亡的生活，动荡的岁月，磨炼了小政道的意志，培养了他的许多优秀品质，为日后振兴中华，攀登科学高峰，奠定了良好的基础。

茶馆里的大学生

1943年，李政道考上了浙江大学物理系，开始了他的大学生活。

由于上海、南京先后失守，杭州也危在旦夕，在竺可桢校长带领下，浙江大学被迫四处迁移，浙大理学院迁到了贵州湄潭。年仅17岁的李政道，带着简单的行装来到了湄潭。当时的湄潭"天无三日晴，地无三里平，人无三分银"。学校条件很差，在这里，李政道开始接触了一些国际知名的物理学家，如王淦昌、束星北等。当时的学习条件很差，没有课本，没有实验仪器，有的课程难以完成教学任务。王淦昌先生在教法上灵活多变，启发诱导，重点问题反复讲解，板书尽量详细些，以便学生记笔记。在练习中采用抽签答题，不断激发学生们的学习兴趣，提高学生们的听课效果。

在这样艰苦的环境里，李政道和同学们学习热情仍然很高。当时的教室和宿舍都设在会馆里，学生连个看书的地方也没有，李政道便和同学们一起到茶馆里去，泡上一杯茶，买上一个座位，目的是能在那里看上一天书。时间一长，老板也知道了这些孩子们的苦楚，有时也来和学生们聊聊天，多加点热茶。正是在浙大理学院时，李政道开始接触了量子力学、狄拉克方程、光谱精细结构、中微子实验和理论物理等前沿问题。在李政道的心灵里开始种下了偏爱物理问题的种子。

一年以后，李政道慕名转入当时国内师资力量最强的昆明国立西南联大继续学习。在当时的联大，实验仪器不足，实验材料也不足和不纯，学生只能学习实验的方法和步骤。回忆起联大的学习生活，李政道经常风趣地说："看来我只能做理论物理工作了。"学校图书奇缺，学生借书往往要排很长的队，常常形成抢书风，图书馆的大门屡遭挤破。许多学生因抢借参考书或过期不还而受记过处分。尽管当时的学生生活和学习条件都很艰苦，但学生们的学习风气很浓，学校有严谨的治学措施，严格的考试制度。

正是在西南联大期间，李政道初次结识了杨振宁。此时，杨振宁已经毕业，正在联大附中教书。在吴大猷先生处，他们常常碰见，彼此还算熟悉。抗日战争时期的西南联大，是日后许多驰名中外的著名科学家的母校，李政道曾感慨地说："就在那样艰苦的条件下，还造就了许多人才。数学、物理、化学界都有，杨振宁、朱光亚、唐敖庆和我，都是在那个时候培养出来的，看来最重要的是人，而不是条件。"

不远万里寻名师

1946年春，吴大猷先生准备先到美国进行科研考察，然后再到英国伦敦参加皇家学会举行的庆祝伟大物理学家牛顿诞辰300周年纪念大会，由朱光亚担任吴先生考察的助手。这时李政道的出国手续已经办妥，师生三人相伴，一同前往美国。从此，李政道便离别了培育他成长的祖国，告别了深情厚谊的师友，踏上了留美的征途。40年代的美国，民用航空尚不发达，师生三人先搭乘轮船到旧金山，然后在那里再改乘火车。

离别了祖国，李政道心潮起伏，特别是在船上，有一种说不出的滋味在袭击着他，他感到格外孤独。在国外，华人相见彼此格外亲热。旅途中，相邻船舱的一位老华侨拍着他的肩膀开心地说："是去找山姆大叔的吧？"

"山姆大叔"是美国国名的绰号。传说在1812年美英战争时期，美军军用品的箱子上都有US的标记，表明这是美国的物品。那时美国纽约州特罗城有一个专门检查政府军事订货的官员，名叫山姆·威尔逊（Samuel Wilson），当地人称他为"山姆大叔"，英语中"山姆（Sam）"和

"大叔（Uncle）"两词的第一个字母也是U和S，因此当地人开玩笑地说这些箱子都是山姆大叔的。后来流传开来，"山姆大叔"便成了美国的绰号。1961年，美国国会通过决议，正式以"山姆大叔"作为美国的象征。

几位中国的年轻学生，大都是初次出家门，他们偎依在这位老华侨的身边，听他讲述华人在美国的经历。这位老华侨旅居美国已经30多年了，他从劳工、饭馆伙计做起，奋斗了大半生，现在自己也做了些生意。30年来头一次回国。本以为抗战胜利后，人人能安居乐业了，不料内战又起，他只好伤心地提前回了美国。

听罢老华侨的讲述，年轻的李政道心潮如船舱外波涛起伏的大海，他思虑着祖国的命运，也思考着自己的前程……久久，久久难以平静，他恨不能马上就找到费米开始他的学业，恨不能现在就学成回国，让灾难深重的祖国强盛起来。

经过漫长旅途的颠簸，李政道师生三人终于踏上了美国本土。因为第二次世界大战没有在这里发生，所以这里一片平和繁荣的景象，科技、教育和经济建设的发展速度，都居于世界首位。然而这里的许多观念、行为却与中华古国大相径庭，这使新来乍到的李政道感到十分迷惘。

李政道当时不满20岁，又刚刚读到大学二年级，本来在国内物理界对荐举他出国留学读博士就有不少人持反对意见。现在到了美国，一些学校认为选派这样一个"乳臭未干"的孩子来研究物理学，简直是中国政府在跟美国政府开玩笑，拒绝接收李政道入学。

到美国最初一段时间，李政道一时找不到合适的学校，心里十分烦恼。吴大猷先生有事要离开，他只好给李政道留下一封推荐信。信中写道：

"李政道在中国的大学里只读了两年，但他是一位聪明有为的青年，思想有条理、头脑精密、勤奋好学。他的学业比大学毕业生并不逊色。

我相信他如果得到适当的指导，一定会成为一位优秀的物理学家。"

李政道拿着这信，心情仍十分沉重，此时此刻他是多么想念家乡的亲人，多希望恩师就在身边啊！但是他是有志气的青年，他不会因此而退缩，他坚信自己的能力，他决不会丢掉他热爱的物理学，他不会放弃跟物理大师费米学好本事的强烈念头。

他想到比自己早一年到美国的杨振宁，想当初在联大时他经常在吴大猷老师家碰到他。现在他正在芝加哥大学，而费米大师听说也在那里。于是他毫不犹豫地奔向芝加哥。

建于1890年的芝加哥大学，是美国一所著名的私立大学。美丽的校园就坐落在密歇根湖畔，校园中最著名的是一座中世纪城堡式的建筑，城堡前面的外墙上，挂着一块引人注目的镂花金属牌子，上面写道：

"1942年12月2日，人类在此实现了第一次自持链式反应，从而开始了受控的核能释放。"

每当新入校的学生和外来的客人路过这为纪念费米伟大功绩而设立的牌子时，都会驻步而立，怀着一种崇敬的心情阅读上面的这句话。

李政道来到这里，更加止不住内心的激动：他是为追逐这颗物理太阳而来的，而这太阳就在这里！

在芝加哥大学的国际楼，李政道找到了杨振宁。在异国他乡，两位联大校友相逢，激动得互相捶打肩膀。李政道像遇到了久别的亲人，迫不及待地向大哥哥杨振宁一股脑把自己来美国后的烦恼都倒了出来。不想杨振宁初来美国时也并不一帆风顺。

古朴典雅，风景优美的普林斯顿小镇，原来只有几千人口和一所大学。30年代初，一位美国慈善家要在普林斯顿创办一所全新的高等研究所，准备聘请世界上最有名望的科学家来此从事研究。当时爱因斯坦正受纳粹的迫害，世界上许多著名大学都向他发出了邀请，但最终他还是被那位慈善家说服了，于1933年秋受聘为普林斯顿高等学术研究所的教授。爱因斯坦是杨振宁崇敬的另一位物理大师。然而，当杨振宁风尘仆仆来到普林斯顿大学时，又一次扑了个空：维格纳教授下一年休假，不开课！实际上维格纳教授也去参加秘密的"曼哈顿工程"了。

"当时我的心情和你现在差不多。"杨振宁一边说着，一边领李政道向小酒吧走去。

"还记得咱们西南联大'茶馆里的大学生'吗？"听着这熟悉的回忆，李政道的心情轻松多了，不由得随着杨振宁开怀大笑了起来。

杨振宁一边说着，一边特地要了两杯中国茶。

在异乡他国，品家乡名茗，思乡忆故之情油然而生。两人情不自禁地回忆起抗战时在西南联大那不寻常的日日夜夜……

"那后来你是怎么到这里来的？"放心不下自己眼前的处境，李政道又穷追不舍地回到了最先的话题。

"后来在普林斯顿遇到了咱们联大的张文裕老师，就是那位祖籍福建惠安，留学英国剑桥，曾受业于物理大师卢瑟福的张老师。那时他正在应邀来美国普林斯顿做宇宙射线的研究和讲学，当客座教授。"说到这，杨振宁话锋一转，说到了李政道最关心的话题："我一见到张老师，就把我的心事全告诉了他。政道，留学在外，大凡遇到中国人都会得到真诚的帮助，别说遇到的是自己的老师了。张文裕虽然是大教授，可他对我这初到美国的年轻人却是真诚相助。他告诉我费米打仗期间曾在洛斯阿拉莫斯工作，在去洛斯阿拉莫斯之前，费米已由哥伦比亚大学转到了芝加哥大学，并在芝加哥大学主持建造了第一座原子反应堆。他向我透露，费米先生不久就要到芝加哥大学主持建一个新的核研究所，并在那里任教。"

谈到这里，振宁突然兴奋了起来，他抬起头激动地对李政道说："我当时听了，简直要欢呼起来！政道，有些事往往不可思议，正所谓中了中国的古话：'踏破铁鞋无觅处，得来全不费工夫'。"

听到这里，政道也不由得舒了一口气。

"到芝大读博士是否容易？我可是大学未毕业的学生！"想到自己，政道心里还是不踏实。

"我当时也是费尽了周折，一直到去年年底才办妥了入学手续的，不过芝大对学历要求不十分严格 。在美国，一切都要靠力争，要有自信心，我会尽力帮助你的！"

一向热情的杨振宁竭力安慰着比自己小4岁的李政道。接着他又像大哥哥一样关切地说："不过，初到国外，最初几个月最难熬，思乡病搅得你读书都无法集中心思，天天焦急地盼望着家乡的来信。"

听到这儿，李政道颇有同感地点点头。是啊，到美国1个多月来自己的思乡病确实害的不轻，由于自己还未立稳脚跟，家里的信至今还没有收到，真不知道家里人会急成什么样呢！

芝加哥大学确有不拘一格的气派，看了吴大猷教授的推荐信后，他们对李政道这位不满20岁的二年级大学生进行了严格的考试。结果成绩优异，使美国教授大为惊讶，很快就破格录取李政道为芝加哥大学物理系的研究生。

夜晚，踌躇满志的李政道，奋笔疾书，他要尽快把这令人振奋的好消息传到万里之外的亲人那里……

崭新的学习生涯开始了！

费米门下的高足

在费米身边的日日夜夜

从1945—1950年，杨振宁和李政道先后来到芝加哥大学，有幸投师费米门下，成为当代物理大师费米的高足。在这位德高望重的名师指点下，李政道和杨振宁如鱼得水，开始向理论物理学进军。

与李政道和杨振宁一同在费米身边就学的，是来自世界各地的出类拔萃的物理天才。他们始终跻身于物理学的前沿人物之中，在十分优裕而浓厚的学术环境中学习，因而他们的学识迅速增长。

费米善于抓住事物本质的风格，对他们的影响最大。

费米先生授课明白易懂、推理简洁明快、论证单刀直入、解题切中要害，给人的感觉似乎是信手拈来，不费工夫。其实，他的简明易懂是他精心准备、反复推敲的结果，他的能切中要害，是比较各种不同描述方式，权衡其利弊之后才得到的。他的教学及研究风格是直觉明快的，不搞形式主义，不搞繁琐哲学。他常常开玩笑地对他的研究生们说："复杂的形式主义留给'主教们'去搞吧！"他挖苦形式主义为"高级牧师"。他强调学生应该乐于把时间投入到哪怕是简单的实验中去，而不要立即陷入理论的研究中去。他常常鼓励学生们动手去做自己想做的实验，从中提出问题。他认为，提出一个好问题实际上相当于完成了一个课题。

费米言传身教，他教导他的研究生们，要对物理学的各个领域都有广泛的兴趣。同时又有十分扎实的基础。从纯理论物理到纯物理实验，从三体问题的最佳坐标这样简单的问题到深奥的广义相对论，费米都有广泛的兴趣；作为物理大师，他涉猎广泛，每研究一个问题，始终都做详尽的笔记。由于兴趣广泛、根基扎实、钻研深入，费米触类旁通的创造性火花经常会迸发出来。从首创用慢中子做实验，阐述核裂变链式反应思想，到在原子弹爆炸时站起来用碎纸片受冲击波扫散的距离测量爆炸力量，无疑都显示了这一点，而这一切对杨振宁和李政道都有十分重要的影响，对他们后来成为优秀的物理学家，起了相当大的作用。

费米为人坦荡真诚，具有竭诚奉献的精神。在正式上课之外，费米每周总要抽出一两个晚上与几位研究生作不定题的讲演。只要学生提出问题，他就很快翻动他的笔记，尔后给予讲解，引导研究生们注重问题的本质和应用，掌握直观的解决问题的方法。李政道和杨振宁在费米先生的这种"小灶"中受益匪浅。

在费米结束了对原子弹的研究，完全回到芝加哥大学后，杨振宁和李政道更多地得到了这位物理大师的言传身教。费米也对这两位有志气的中国青年十分器重。

1949年春天，费米因事要离开芝加哥，就把他讲授核物理课的任务交给了杨振宁。临行前，费米把他的笔记本交给了杨振宁，还和杨振宁一起认真地讨论了所要讲授的全部内容，甚至对每个问题的讲法和推导都作了仔细的解释。在费米的笔记本上，写满了过去每堂课讲课的细节。看到这详尽而又细致的笔记，杨振宁深深为费米大师这种严肃认真、一丝不苟的教学作风而感动。后来，费米的这种作风不知不觉也成了李、杨二人的教学作风。

除了正式和非正式的课程以外，费米还将他的午餐时间几乎全部献给了这些研究生们。午餐时，费米经常和这些年轻人聚在一起，天南海北地闲聊。

费米常对李政道这些研究生们说，教授也是教师，而且并不意味着他们就是优秀教师。只不过他们通常在某一学术领域里知识比较渊博、有些专长，是比较高级的教师罢了。

费米还常对他的学生们谈起丹麦哥本哈根学派的大物理学家玻尔。玻尔十分欢迎并经常要求他的青年弟子对他的学术观点提出异议。1922年夏天的一次讲课中，一位年轻人对他的某些结论提出了疑问，这个年轻人就是海森堡。课后，玻尔便邀海森堡去散步，继续讨论有异议的问题。不久，另一个爱提问题、说话尖刻挑剔、被称为"上帝的鞭子"的年轻人也被玻尔看中。后来这两个人都被玻尔邀请到哥本哈根去工作。

"这些青年学者毫无禁忌，思想解放的学术风气，使得哥本哈根学派充满生机，成果累累，成为量子力学的诞生地，使哥本哈根学派对20世纪的物理学发展起到了重大作用。"费米这样结束了他的这次谈话。

从导师的这些谈话中，杨振宁和李政道不仅学到了许多物理思想和科学方法，也深深感受到了这个伟大科学家的宽阔胸怀：对别人的研究工作，费米从来没有不屑一顾的时候；他总是认真地研究考虑各种学派的思想、成果，从来没有丝毫的学阀作风。

在这些数不尽的午餐对话中，一个简单而幽默的"也有铁床"的故事，给李政道的影响最深。

一天费米又兴致勃勃地给研究生讲了他自己读小学二年级时的故事。

那天老师出一个作文题："铁能做什么？"我看了之后不假思索地写上'也有铁床'，就交了上去……大家听了都哄堂大笑。

而李政道却从中悟出了费米先生这种喜欢单刀直入的研究方式。这种方式直接影响了李政道后来的科学研究风格。

而给杨振宁更深印象的则是另一件事。1949年费米与杨振宁共同写了篇名为《介子是基本粒子吗》的论文，当时杨振宁认为他们提出的问题不一定符合事实，觉得还是不发表为好，可费米却说：

"学生的任务是解决问题，研究人员的任务是提出问题。这个问题有发表价值。"

于是他们把这篇论文发表了。事实证明，这篇文章为日后著名的"坂田模型"奠定了基础。

"有特殊见解"的中国小博士

从1946—1949年，李政道有幸在费米先生等一批造诣很深的导师的指导下攻读博士。费米对他的要求是不要急于定下来是搞理论还是搞实验，即使论文分了专业了，也不能以论文来定终身。论文做些什么，并不是说一生就只做这个工作了。

在费米这种思想的指导下，1948年李政道与杨振宁以及鲁生普罗士三人合写了一篇关于粒子物理方面的文章，指出存在一个弱相互作用的区域，李政道还随费米先生做了天体物理方面的工作，在费米的指导下完成了题为《白矮星的含氢量》的博士论文，还在流体力学、统计力学、场论等方面进行过深入的研究……他的这种涉猎广泛的学习研究方法深得费米的赞同。

1950年，年仅24岁的李政道取得了博士学位。在评审博士论文时，李政道的《白矮星的含氢量》被誉为"有特殊见解和成就"，列为第一名，获得奖金1000美元。

校长在授予他博士学位证书时，赞扬说："这位青年学者的成就，证明人类高等智慧的阶层中，东方人和西方人具有完全相同的创造力。"

同年，李政道到加利福尼亚大学任天文学研究员。不久，学校就发现李政道的学问广博、精深，在现代物理方面有较高的才能，便改任他为物理学副研究员。第二年，李政道受聘于普林斯顿大学高等研究所，任研究员。在这里，云集了世界第一流的科学家、学者和教授；在这里，李政道又与杨振宁重逢，开始了他们长达16年的极为密切的黄金合作。

1958年，当李政道离开普林斯顿时，原子弹之父、院长奥本海默（J.R.Oppenheimer，1904—1967）说：

"……看到他离开，我们十分不舍。他是我们所知道的最有才华的理论物理学家之一。他在统计力学、核物理学和基本粒子物理学中的成就使他成为世界知名的人物。他的研究呈现出鲜明、灵活的独特风格。"

奥本海默对年仅27岁的李政道的评价并非是过奖之词，李政道到普林斯顿后，立即与杨振宁合作，在统计力学和核物理学等方面解决了一些极为突出和十分复杂的问题，因而迅速成为一个相当有名望的理论物理学家。

奥本海默是一位重要的物理学家，当时在美国十分有名。在他年仅12岁时，就曾以一篇学术价值很高的论文饮誉美国学术界。1946年，他因组织制造原子弹有功而被授予梅里特国会勋章，从此，人们开始称他为"原子弹之父"。

1953年以后，李政道又先后任哥伦比亚大学的助理教授、副教授。

1954年，李政道在哥伦比亚大学任物理学助理教授时，就提出了著名的"李氏模型"。这是一个假设的量子场论模型。其中有三种基本粒子：N、V和θ粒子。N和V粒子是自旋为1/2的费米子，θ是自旋为0的玻色子。V可以发射θ而转变成N，N可以吸收θ而转变成V。这种模型可以和实际的中子、质子和π介子类比，而类比法是物理学研究中的重要方法。德布洛意的物质波理论和汤川秀树的介子场论，都是利用类比的方法提出来的。"李氏模型"是量子场论极少有的可以完全解出来的模型之一。因此，颇受世界各国物理学界的重视。如果V粒子的质量超过N和θ粒子质量之和，而V是不稳定粒子，在静止时它会衰变为N和θ粒子。这样，"李氏模型"可用来检验共振态的质量和半衰期的定义。1956年，李政道年仅30岁，就成了哥伦比亚大学最年轻的教授。

李政道在基本粒子物理和统计力学方面都作出过突出的贡献，还对夸克模型、真空等课题有自己独到的见解。美国学术界纷纷赞扬李政道的聪明才智，说他是"走在时代前面的卓越物理学家"，有过人的智慧。然而过人智慧却不是凭空掉下来的，而是来源于勤奋，来源于刻苦。

1977年，李政道回国讲学时，住在北京饭店，每天3点多钟就起来读书、备课，当人们问他，平时是不是也这样早起床，他说："大概是这样，这对我来说，已经成了下意识的事情，多年来，已经变成了我的一种生活方式。"

听到这些，人们无不为之感动：天才来自勤奋，过人的智慧来自超人的劳动！

"今世最杰出的科学家"

比李政道早几年获得博士学位的杨振宁，矢志不渝地追随费米。虽然也是费米门下的高足，也有幸聆听了费米的课，但他没有李政道有福气，未能如愿以偿，在物理大师费米亲自指导下，撰写他的博士论文。然而，费米非常赏识杨振宁，他曾这样赞扬他："杨振宁是今世最杰出的科学家，他跟中国古代著名学者不求闻达的态度完全一样。能够结识他，深引以为荣。若说他是我的学生，诚愧不敢当。当我们在一块儿共同研究学术时，我经常意识到他是一位悟性极高、确能举一反三的科学家。在普林斯顿物理研究院的许多专家中，我最赏识杨振宁博士那种不怕难，在解决问题时那种坚定持重和沉静的态度。这乃是从事科学研究的青年人应该学习的。"

在费米的直接关照下，杨振宁得到了著名教授、美国"氢弹之父"泰勒的帮助。

本来，杨振宁曾立志当一位实验物理学家，因为他深深感到，中国的实验物理太薄弱了。自己从小学到中学，以至在大学和研究院期间，由于条件的限制，实验接触的太少，所以实验技巧掌握的比较少。

上了费米主持的研究班后，杨振宁就向费米提出，希望在费米的指导下，写一篇实验论文。但是当时的费米还没有完全结束战时的秘密工作，还要去位于芝加哥西南郊的阿贡国家实验室，指导科研人员从事秘密研究工作。而杨振宁当时是初到美国的外国人，自然不能进阿贡国家实验室工作，所以杨振宁的计划没有成功。后来费米介绍他到芝加哥大学物理系艾里逊（S.K.Allison）教授的实验室去工作。

艾里逊教授的实验要造一套40万电子伏特的加速器，

这在当时是相当大的。五六个研究生参加了这个工作，其中就有杨振宁。

杨振宁在艾里逊的实验室里工作了20个月，在那里他工作得并不如意。遇到电子仪表出现故障，杨振宁总是小心翼翼地把线路图打开，想仔细研究一下毛病究竟出现在哪儿。一次，为了寻找故障的原因，杨振宁正仔细对照图纸认真通过计算查找原因。

"杨，你真笨！"看着杨振宁已算了好几张纸，一位名叫威尔科克斯的同学向他嚷道。

接着这位同学走过来，左看看，右看看，然后在连接部位果断地猛踢两脚。奇怪的是，仪表居然很快就转动了，杨振宁对威尔科克斯的这两脚真佩服得很。后来，仪表又不转了，杨振宁就依法炮制，可是左踢右踢，怎么也不行。

又有一次真空管漏气，杨振宁从10多米的管子这头找到那头，一连几个来回也找不到泄漏点，急得他满头大汗。而一位名叫阿诺的同学只用两分钟就解决了问题。

杨振宁后来在他的《读书教学四十年》一书中曾这样诙谐地描述他那段经历：

"……在艾里逊实验室度过的20个月，对我来说确是很有教益的。我亲身体验了一个实验物理学家所遇到的一些挫折。那座加速器时常稀奇古怪地漏气。它有一个怪脾气：只有夜幕降临时才能正常工作。我发现，实验室某些同学具有神秘莫测令我惊愕的第六知觉，他们知道在什么地方可以找到漏气洞；当定标电路失常时，他们知道应该在什么地方踢一脚。实验室里的同学和我相处很好，因为我有时在理论方面帮助他们。可是他们爱开我的玩笑。艾里逊特别喜欢的一个玩笑是：'哪里炸得乒乓作响，哪里准有杨振宁在场'。"

实际上，实验不成功，并不全是因为杨振宁本身的实验本领不太高明，而是在当时的技术条件下，在那台到处漏气、电路常出故障的加速器上，杨振宁要做的"分辨H5的P1/2、P3/2"的实验，是一个根本做不出来的题目。

正当杨振宁为实验难以成功而感到苦恼时，泰勒（E.Teller）教授找到了他。

爱德华·泰勒是芝加哥大学物理系对杨振宁有重要影响的另一位外籍美国教授，著名物理学家。30年代他曾师从德国著名科学家海森堡做过博士论文，他对化学、物理学都有过重大贡献。他也是在纳粹分子迫害科学家时，从欧洲流亡到美国的。在第二次世界大战结束后，泰勒教授稍后于费米转到了芝加哥大学。在奥本海默成为美国原子弹计划"曼哈顿工程"的理论、设计负责人后，泰勒也到了洛斯阿拉莫斯，由他率领一些人组成小组，致力于氢弹的理论研究。由于他在研制氢弹中做出了首创性的杰出的贡献，人们尊称他为美国的"氢弹之父"。

"你做的实验是不是不大成功？"泰勒从杨振宁沮丧的神情中知道，杨振宁肯定遇到了麻烦。

"是的。"

"你不必坚持一定要写一篇实验论文。"泰勒先生关切地说，"你已写了理论论文，而且你在理论上是擅长的。"泰勒先生鼓励道，接着他直率地对杨振宁说："你就用一篇理论论文作毕业论文吧，我可以做你的导师！"

听了泰勒的话，杨振宁感激地抬起了头。此时他的心里很矛盾，一方面他深感失望，因为从到芝加哥的第一天起，他就一心一意想写一篇实验方面的论文；另一方面他又确实从心底里感到，自己在实验方面力不从心。泰勒先生的建议是对的，自己写毕业论文，肯定理论论文会写得更好一些。他从心底里感谢泰勒先生。然而要立即下决心，对他实在不是一件容易的事。

"我想考虑一下，两天后我再告诉您！"杨振宁恳切地泰勒先生说。

两天以后，杨振宁经过认真考虑，决定接受泰勒的建议，放弃撰写实验论文的打算。

此时的杨振宁如释重负，信心百倍地转向了理论物理的研究。后来，他在《读书教学四十年》中幽默地写道：

"这是我今天不是一个实验物理学家的道理。有的朋友说这恐怕是实验物理学的幸运。"

原来，当杨振宁找到费米，而费米又不可能成为杨振宁写实验论文的博士生导师时，费米建议杨振宁和泰勒作理论研究，而实验可以到艾里逊的实验室去做。所以当杨振宁在撰写实验论文发生困难时，泰勒教授主动出来关心他。

杨振宁给泰勒老师打电话，泰勒教授说，费米已经把你的情况跟我讲过了。并邀杨振宁一起去散步。散步中，泰勒问杨振宁关于氢原子基态波函数的问题，杨振宁很快就答出来了，因为杨振宁在国内念书时就掌握这个问题了。

听了杨振宁的回答，泰勒高兴地说："你通过了！我接收你做我的研究生！"

在泰勒看来，有的人尽管理论物理学得不错，但对像氢原子波函数这类最基本的概念、以及其中的重要数据却没有掌握。杨振宁能正确、简明地即时回答这个问题，说明他基础扎实、思维清晰，是大有造就且很有发展前途的。于是，杨振宁就成了泰勒的研究生。

1948年夏天，杨振宁在泰勒的指导下，完成了题为《核反应》的博士论文，开始了他新的历程。

1948年，杨振宁获博士学位后应校方的聘请，在芝加哥大学物理系当了一年教员。1949年春，美国的"原子弹之父"、普林斯顿高等学术研究院院长罗里·奥本海默教授应邀到芝加哥大学进行讲演。杨振宁久慕普林斯顿那里理论研究人才济济，奥本海默来芝加哥讲演后，更激起他去普林斯顿的愿望。他请泰勒和费米推荐他去普林斯顿，泰勒和费米都非常了解杨振宁，高兴地给他写了推荐信。

奥本海默收到推荐信后，很快就回了信，同意接受杨振宁。就这样，杨振宁在人才济济，号称"象牙之塔"的普林斯顿高等学术研究院工作了17年。他和李政道的合作，就是在这一阶段进行的。

人人都知道，杨振宁和李政道关于弱相互作用下宇称不守恒的理论荣获了科学界的最高奖——诺贝尔物理学奖，但只有物理学家才知道，杨振宁在物理学领域的最高成就，是早在1954年，他和美国物理学家密耳斯（R.Mills）共同发表的被称为杨—密耳斯场的非阿贝尔规范场理论。这个理论于近10余年来已被世界物理学家公认为是20世纪最伟大的理论结构之一。

《中国大百科全书·物理学II》中有这样一段文字：

"他最杰出的贡献是1954年与R.L·密耳斯共同提出杨—密耳斯场理论，开辟了非阿贝耳规范场的新研究领域，为现代规范场理论（包括电弱流统一理论、量子色动力学理论、大统一理论、引力场的规范理论……）打下了基础。杨—密耳斯场方程最近被数学家S·唐纳森引用，获得了拓扑学上的重大突破。"

1953—1954年，杨振宁在纽约市东约80千米的长岛布鲁克海文国立实验室做访问学者，与在那里做博士后工作的密耳斯在一个办公室共事。在这短短的一年里，他们经常一起讨论规范场的问题。密耳斯在《规范场》（刊登于《自然杂志》1987年第8期：563—577）一文中写道：

"杨振宁当时已在许多场合中表现出了他对刚开始物理学家生涯的青年人的慷慨，他告诉我关于推广规范不变性的思想，而且我们较为详细地作了讨论。我当时已有了有关量子电动力学的一些基础，所以讨论中能有所贡献，而且在计算它的表达形式方面也有小小的贡献，但是一些关键性的思想都是属于杨振宁的。……"

密耳斯还在1984年12月在北京科学会堂召开的庆祝杨—密耳斯场发表30周年纪念会上，满怀深情地讲：

"30年前，杨振宁已是一位教师，而我还是一名研究生，那时我和他同在一个办公室，我们经常讨论问题。杨振宁是一个才华四射、又是一个非常慷慨引导别人的学者。我们不仅共用了一个办公室，杨振宁还让我共用了他的思想……"

除了宇称不守恒和杨—密耳斯场理论外，杨振宁在统计物理和高能物理等领域也都有杰出的贡献。1986年3月12日美国总统里根在华盛顿白宫授予杨振宁国家科学奖章，这是美国政府给有卓越成就和杰出贡献的科学家的最高荣誉。

攻克"$\theta-\tau$之谜"

令人大惑不解的"$\theta-\tau$之谜"

40年代末，50年代初，物理学进入了科学家们所说的"第二次世界大战后物理学最兴奋的年代"。在这"兴奋的年代"，物理学发展了粒子物理学这一崭新的领域。杨振宁和李政道与他们同时代的物理工作者都很幸运，和这个新领域一同成长，一同发展。

还是在1947年，两位英国实验物理学家罗斯特和巴特勒在宇宙线的实验中发现，当物质被高能量的质子撞击时，在碎片中会产生不同于已知的质子、中子、电子的新粒子。当他们第一次在宇宙射线的云雾照片所留下的一堆光怪陆离的径迹中，看到了一个新的奇异粒子时真是兴奋不已。科学家把这种非同寻常的奇异粒子叫K介子。

K介子会发生两种衰变，既能衰变成两个 π 介子，也能衰变成3个 π 介子。1953年美国物理学家达里兹和法布里通过实验的观察也证实了这一点，于是K介子的这个奇特衰变，引发了一场新的研究大战，微观世界里的这个小小粒子竟使宏观世界的物理学家们大惑不解——这就是著名的"$\theta - \tau$ 之谜"。

为什么叫"$\theta - \tau$ 之谜"呢？事情还得从"宇称守恒定律"谈起。

早在1924年，拉泡首先发现了宇称守恒定律。1927年，美国物理学家维格纳在拉泡的基础上正式提出了宇称守恒定律。宇称是表示微观粒子运动特性的物理量。它表达了微观世界中镜对称原理。比如，一个人和他在镜子里的像，就是镜对称，亦称"左右对称"。比如天安门左右两侧的灯笼和华表，就显示出一种左右对称的关系。微观粒子（或其体系）的运动状态由波函数来描写，通常写成位置坐标x，y，z，及时间t的复函数，以 $\phi\,(x,\ y,\ z,\ t)$ 来表示。对于t时刻一个粒子的波函数来说，当坐标全部做镜像变换时，就是把x，y，z全部换成$-x$，$-y$，$-z$（这也称作空间坐标反演），如果波函数保持不变，则称该粒子的运动状态具有偶宇称（或其宇称为正），用宇称量子+1来表示；如果波函数改变其正负号，则称这运动状态具有奇宇称（或其宇称为负），用宇称量子数-1表示。

形象地说，具有宇称+1的粒子，其波函数在镜变换时就像在镜子里看水银温度计一样，无论水银柱是升高还是降低，其变化的方向是一致的。

而具有宇称-1的粒子其波函数在镜变换时就像在镜子里看钟表，当钟表的指针顺时针方向转动时，镜子里钟表的指针却是朝逆时针方向转动，即变化的方向相反。

科学家发现，微观粒子有一种妙不可言的性质，即它们永远不会改变自己的类别。尽管一个运动中的粒子的波函数的形式可以千变万化，但客观存在的宇称却是不会改变的：原来是偶性的始终保持偶性，原来是奇性的就始终保持奇性。物理学家给粒子的这种"坚贞不屈"的特性送了一个美名——"宇称守恒定律"。

物理学家在研究中发现，在微观世界中有4种形式的相互作用：强相互作用、弱相互作用、电磁相互作用和万有引力作用。核子、介子、超子的相互作用一般都是强相互作用；光子和带电粒子之间的相互作用都属于电磁相互综合作用，所有基本粒子的非电磁性衰变以及有中微子参加的变化则属于弱相互作用；万有引力作用在微观世界里只有弱相互作用的10%—40%，因此在微观世界中通常把万有引力忽略不计。

实验已经确定，K介子的衰变产物 π 介子是奇性粒子。当K介子衰变成两个 π 介子的时候，-1的平方是+1，K介子应该是偶性粒子；当K介子衰变成3个 π 介子时，-1的3次方还是-1，K介子又应该是奇性粒子。K介子到底是偶性粒子还是奇性粒子？根据宇称守恒定律，一种粒子是不可能有两种截然不同的宇称的。

起初，为了解决这个"疑谜"，物理学家们曾假定有两种K介子，把能衰变成两个 π 介子的叫 θ 介子，把另一种能衰变成3个 π 介子的称作 τ 介子。然而，随着测量技术的越来越精密，人们发现，θ 介子和 τ 介子质量都是电子质量的966倍；平均寿命也完全一样，在衰变前都只生存大约10^{-8}秒。纵观整个粒子表，最精确的测量也丝毫不差地表明，θ 介子和 τ 介子实际上就是一种介子，可它确确实实具有不同的宇称。

为什么这两种基本粒子的其他性质都相同，唯独宇称不相同？K介子的衰变属于弱相互作用，也就是说弱相互作用下宇称守恒吗？这就是"$\theta-\tau$之谜"。它触犯了宇称守恒这个禁令，明明白白地摆在了物理学家面前：要么坚持宇称守恒，要么抛弃宇称守恒。可宇称守恒在已往的实验中又都是正确的，物理学家当然不会轻易将它抛弃，可是如何解释"$\theta-\tau$之谜"？

一位物理学家曾这样描述当时的情景：物理学家那时的处境很像一个人在漆黑的屋子中摸索出口，他明知道屋子的某个地方肯定有一个通往室外的大门，但这个大门究竟在哪儿？

在"$\theta-\tau$之谜"出现之际，李政道和杨振宁就以极大的热情投入了这场研究大战。其实，早在1946年，杨振宁和李政道同在芝加哥大学就读时，就开始了兄弟般的合作。这两位当年西南联大"茶馆里的大学生"在异国他乡成了知己。李政道在研究中一有什么想法，便去找杨振宁这个大哥哥谈，他深深感到，他的许多想法也只有杨振宁能理解。一来二去他们形成了一种默契，彼此一两句话就进入正题。他们合作写出的第一篇论文于1949年公开发表。

1951年李政道受聘于普林斯顿高级研究院后，又与早两年来普林斯顿的杨振宁相遇，开始了更加紧密的合作。

他们合写的关于统计力学方面的论文还得到了爱因斯坦的赞赏。一大，爱因斯坦的一位助手请杨振宁到爱因斯坦的办公室去。当时杨振宁是个年轻小伙子，而爱因斯坦是早已闻名于世的大物理学家。爱因斯坦年轻时做过许多电磁学和统计力学方面的研究工作，因此对杨振宁和李政道二人的论文很感兴趣，便邀杨振宁去谈谈。爱因斯坦那时虽已退休，但与杨振宁谈话的兴致很高，谈了很长时间。当时杨振宁十分紧张，爱因斯坦所讲的英文中又夹杂了不少德语。事后，别人问起杨振宁，与爱因斯坦都谈了些什么，杨振宁竟讲不清楚。然而爱因斯坦却对杨振宁和李政道这两位"中国小博士"印象十分深刻。每当他与学生讨论问题时，常笑着说："让那位姓杨的中国小博士也来动动脑筋，他的想法有时比你我要高明。"

杨振宁性格开朗，善于言辞，相比之下，李政道则趋于内向，但只要与杨振宁谈起话来，便海阔天空，越谈越有劲。李政道常常风趣地说，理论物理使人思维敏捷，比起来实验物理来似乎更需要"胡思乱想"。并借用胡适先生的两句名言来比喻，说理论物理学者是"大胆假设"，而实验物理学家则是"小心求证"。

从1951年开始，李、杨两人开始了"$\theta-\tau$之谜"的研究。不久，李政道被纽约哥伦比亚大学聘为教授，离开了普林斯顿。这所大学坐落在曼哈顿西北部美丽的哈得逊河畔，是一所有着200多年历史的老大学。此时，杨振宁仍留在普林斯顿。由于纽约离普林斯顿不远，俩人相约每周各自到对方住处相聚一次，讨论双方选定的重大问题。而"$\theta - \tau$ 之谜"则是他们讨论的最频繁、最热烈的问题。

一次，杨振宁专门驱车到哥伦比亚大学找李政道，李政道高兴地把他迎进了工作室，刚要谈起最近的研究进展，杨振宁却一把抓住他的手，神秘地说：

"政道，我们今天不谈别的……我恋爱了，想找你聊聊。"

听到这话，李政道高兴地咧开了嘴："好！今天就听听你的罗曼史！"

原来杨振宁在普林斯顿大学时，遇到了他出国前在西南联大附中教书时教过的女学生杜致礼。异国相逢，两人都大为惊喜。言谈中，才知道1946年杜致礼考上了北平的辅仁大学，读中文。杜致礼是国民党著名高级将领杜聿明的长女。杜聿明黄埔军校毕业后，曾参加过北伐，抗日战争时又是一员名声大噪的战将。然而在国内革命战争中他追随蒋介石反共、剿共，成了人民的罪人——大战犯。

长期的军旅生活使他染上了严重的肺结核，经常大口大口地吐血，严重时甚至卧床不起。1947年，蒋介石批准杜聿明由长女杜致礼陪同，赴美国就医。不料临上飞机前，蒋介石又突然改变主意，他不顾杜聿明的死活，急令他归队，到东北作战，以支撑行将倒台的蒋家王朝。

杜聿明看到时局的变迁，深知国民党大势已去，便狠了狠心，让女儿杜致礼单身一人到美国去求学。

杜致礼单身一人在美国，靠自己打工顽强地维持学业。想不到在异国他乡遇到了昔日的老师，真是喜出望外。经过一段接触，杜致礼发现自己这位年轻的老师，不仅学识渊博、风度翩翩，而且为人诚恳、正直、善良，俩人很快就恋爱了。

看到杨振宁满面春光，李政道真为他高兴。杨振宁说，他们快要结婚了。

兴奋之余，杨振宁不觉露出了一丝忧虑："我这未来的岳父大人如今被关在大陆的大牢里，不知是死是活；而致礼每当提起她父亲，总是格外忧伤。"

说到这儿，杨振宁不由得有些担心，"现在大陆是共产党的天下，不知他们对战犯如何处理。"

正当杨振宁和杜致礼在美国酿造爱情美酒的时候，杜聿明这位战将丢了手里的80万大军，自己也成了战俘，在大陆的战犯改造所接受改造；杜致礼的母亲曹秀清则奉命带着年迈的婆婆和5个儿女到了台湾。台湾当局盛传杜聿明已被共产党杀死，并做好了烈士牌位，准备放进台北忠烈祠。

此时的杨振宁和杜致礼哪里知道，杜聿明正在北京的功德林开始了新的生活。人民政府不仅给这位甲级战犯治好了严重的肺结核，而且还教育他重新做人，使他获得了新生。

听到杨振宁亦喜亦忧的故事，李政道不由得想起了妹妹前几天的来信。1949年他的父母兄妹从大陆迁到了台湾。哥哥崇道因在家中留宿了一位广西大学时的同窗好友，被当局诬以"掩护匪谍罪"而投入监狱，至今详情不知；父亲因病去日本就医，亦令人牵挂。一家人也是天各一方，不知何日方能团聚……

两位好友诉说着家事，不由得感慨万千。虽然他们正值年富力强、事业如日中天之时，但国家尚未统一，中美严重对峙，何时才能踏上故土？何时才能与亲人团聚？他们在心底企盼着、呼唤着……

向 "$\theta-\tau$ 之谜" 进军

在纽约哥伦比亚大学校园的一幢白色楼房里，李政道为 "$\theta-\tau$ 之谜" 日日夜夜苦思冥想。案头摆着一大堆书，桌上的台灯常常彻夜通明。如果说中性的 K 介子在衰变过程中不遵守宇称守恒定律的话，那就意味着要拒绝承认全部最基本的物理定律，这是许多人连想都不敢想的。

李政道开始尝试着做了一些研究。1955年夏，他和贾·奥利尔在通常理论的框架中提出了一个级联机制来解释 "$\theta-\tau$ 之谜"，并在1955年第100期的《物理评论》中发表，但后来证明这一见解是不对的。

在哥伦比亚大学附近的一家中国餐馆，经常有两位中国小伙子，有时他们美餐一顿，有时他们边喝茶边争论，往往二人争得面红耳赤，旁人都好奇地看着他们，以为这两个小伙子在闹别扭。这就是李政道和杨振宁，经常在这里讨论 "$\theta-\tau$ 之谜"，不断提出新设想、新问题，不断交换新想法。后来李政道曾描述过这段经历："关于现代物理基本概念的修正，是我和杨振宁博士在哥伦比亚大学附近一家中国餐馆用膳前经常讨论而终于获得结论公之于世的。"

1956年仲夏，地处曼哈顿的哥伦比亚大学校园中，古香古色的建筑物与高大宏伟的现代化教学设施参差林立、相映生辉；繁花绿草与高大的红杉树高低错落、随处可见。学校大墙内外，繁华的闹市与静谧的校园对照鲜明、风格迥然。在这静谧的"世外桃源"，刚过而立之年的李政道，与美籍华人秦慧君女士建立了幸福、温馨的小家庭。然而"$\theta—\tau$之谜"仍在困扰着新婚丈夫，使他常常陷入苦思，显得有些心不在焉。新婚妻子默默地望着陷入沉思的丈夫，她深深地理解，作为一名年轻的科学家，丈夫的事业是首要的，她准备全身心地支持他的事业。

在仲夏的新婚之夜，李政道思绪万千。

他想到1953年，父亲病重在日本，他特地赶到病床前。

年迈的父亲紧紧拉着他的手，望着昔日的"三糊涂"，今日已是英俊潇洒的物理学博士，心里有说不出的高兴。他支撑着对李政道说：

"政儿，你应该有所成就，你会的！"

慈祥的母亲却抚摸着多年不见的儿子说不出话，眼里含着幸福的泪花……

不久，父亲去世了。在料理了父亲的后事，与家人依依不舍地告别之后，李政道感到有一种沉重的责任感，仿佛自己一下子成熟了许多。

更难以忘怀的是1954年。有一天，杨振宁打电话告诉他，费米先生病了。费米是他最崇敬的导师，他二话没说，搁下电话就直奔芝加哥比灵斯医院。

病房里，瘦弱的费米先生正在读一本书，书中描写了一个凭坚强意志战胜厄运和大自然障碍的真实故事。看到李政道，费米先生略显哀愁，然而却很镇静。他说，医生告诉他，几天之内他即可出院，但活不了几个月了。

他看了看床边的一个笔记，告诉李政道，那是关于核物理的笔记，他准备利用仅有的几个月，将它整理出版……听到先生的这番话，李政道不由两眼一热。

过了不到3个星期，费米先生就去世了。

两位老人，一位是自己亲爱的父亲，一位是自己崇敬的恩师，在他们即将谢世时，都是那么悲壮，都感到自己还有许多未完成的事要干，但已力不从心，都对自己寄予那么深厚的期望。

肩负先辈们的期望，李政道深感自己身上的责任重大。他不由浑身充满了力量，他下决心要继续奋斗下去！不管多难，他也要解开"$\theta-\tau$之谜"！

"战后最激动人心的发现"

1956年的一段时间，杨振宁和李政道都陷入苦苦的深思之中。

"也许在弱相互作用下宇称根本是不守恒的。"

这个念头一直在两个人的头脑中萦绕，但科学不是儿戏，任何一句话都须有足够的实验事实，更何况这是已被许多人奉为金科玉律的宇称守恒定律！

他们两人几乎天天在哥伦比亚的那个中国小餐馆会面，为了一个公式、一个概念、一个定理，反复推敲、反复比较、反复论证。

"$\theta - \tau$ 衰变是属于弱相互作用，在这个过程中宇称也许并不守恒"，这一想法在两人头脑中时隐时现。可问题在于，宇称在 $\theta - \tau$ 衰变中不守恒以后，接下去该做什么？虽然他们讨论了这一可能性，但是当时并未能取得任何进展。作为一种替代，他们撰写了论宇称双重态的论文，并在1956年第102期《物理评论》上发表。不幸的是，这也是一次失败的尝试。

对传统观念提出怀疑，不仅需要有足够的胆量，而且更要有卓越的见识和确凿的证据。

人们认为日常生活中左右变换下是对称的，但却忽略了事实上许多情况下存在着不对称，比如，我们的心脏就只长在左边，中国的阴阳图也是一个非对称分割的圆。实际上在中国古老的文化中，素来就强调不对称的思想。宇称守恒定律确是了不起的，然而李政道和杨振宁认为，人们把它的作用任意夸大了，把它无限制地推广到任何范围，这就抹杀了对称中原本包含着的不对称因素。他们俩人的思路常常想到了一起，这时他们就会心地相视一笑，手中的笔依旧在稿纸上飞驰着。

一天深夜，李政道家的电话又响了起来，电话里传来杨振宁兴奋的声音：

"我借来了西格本的《核谱学》，厚厚的一大本。明天你到我这儿来，咱们逐个推算。我感觉到原来的宇称守恒实验，没有一个是属于弱相互作用的！"

"行！明天我一早就去！"李政道同样兴奋地回答。

第二天一大早，李政道就迫不及待地来到杨振宁的办公室。一大堆书和一大摞稿纸铺满了桌子，熬红了双眼的杨振宁疲倦而又兴奋。

"杨兄，要注意身体啊！"李政道笑着对杨振宁说。

"哈，彼此！彼此！来，坐下！坐下！"杨振宁兴奋地说着，一边捧过来一大堆书。

"我已经算了几个，确实都相当精确地证实了宇称守恒定律，可这些实验没有一个是属于弱相互作用的！"杨振宁把笔一挥，兴奋地指着稿纸，接着对李政道说：

"就是1933年费米先生的 β 衰变实验数据，对于宇称守恒也不能给出回答。虽然在以往的实验数据分析中都假定了宇称守恒，但这实际是完全不必要的！"

"确实如此！"李政道颇有同感地说，"因为不管我们是否假定宇称守恒，都同样可以说明以往的实验事实，或者说这些实验老是与左右是否对称无关的实验！"

……

整整一个夏天，李政道和杨振宁都在一个又一个地检查、核算所有有关的实验结果，从中他们更加坚定了自己的看法。一个新的发现趋于成熟了。

1956年4月，在美国纽约州西北部罗彻斯特举行的两年一度的国际高能物理会议上，杨振宁代表李政道应邀在会上就 "$\theta—\tau$ 之谜" 及当时粒子物理理论作了总结性的报告。杨振宁的报告，引起了科学家们很大的兴趣。他们认为，解决 "$\theta—\tau$ 之谜" 中宇称是否守恒这一进退维谷问题的一个根本途径，就是把宇宙 "一分为二"，假设每一个 "奇异数" 为奇数的基本粒子可以存在两种形式之中，则其宇称相反而其他性质完全相同。

物理学中的发现大都是时机成熟后作出的，如果某人不作的话，则一定会有另一个人在同一时期作出。事实上，因"$\theta - \tau$ 之谜"的出现，已有不少物理学家对宇称守恒定律表示了怀疑。

来自加利福尼亚州理工学院的理论物理学家费曼（Richard Feyhman，1918—1988，因在量子电动力学方面所做的对基本粒子物理学具有深刻影响的基础工作，与许温格和朝永振一郎一起分享了1956年度的诺贝尔物理学奖金），在会议期间与一位名叫布洛克的实验物理学家同室居住，布洛克在第一天晚上就曾向费曼提出，在弱相互作用下，宇称也许干脆是不守恒的。他们两人为这一问题讨论了好几个晚上，并一致认为布洛克提出的问题不无道理。

费曼在发言中把他们的讨论告诉了同组的杨振宁，杨振宁说，他与李政道已经考虑过这个想法，但尚未得出定论。首次发表关于宇称守恒想法的维格纳先生也认为在弱相互作用中宇称守恒或许是不成立的。

李政道的同事杰克·斯坦伯格当时正在进行超子产生和衰变实验研究。在这次会上，当杰克讨论超子的产生平面和衰变平面之间的二面角 ϕ 时，李政道突然意识到，虽然这个二面角与宇称无关，但如果改变它们的定义，那么在 ϕ 从 θ 到 π 的事件与 ϕ 从 π 到 2π 的事件之间就可能会有一个不对称性，这也许就是那把缺掉的钥匙。

李政道十分激动，并敦促杰克立即重新分析一下他的数据，并从实验上检验这一想法。实验结果表明有差别。但因为统计有限，还不能由此引出结论。后来李政道曾说："要不是杰克与他的小组有很高的标准的话，那么就可以把这一实验结果认为是首次表明了宇称不守恒。"

1956年10月1日，在该天出版的《物理评论》上，杨振宁和李政道发表了一篇题为《弱相互作用中宇称守恒的问题》的论文，后来这篇论文被誉为"战后最激动人心的发现"。

李、杨在论文中指出：

虽然在所有强相互作用中，宇称守恒的证据是强有力的，但在弱相互作用中，宇称守恒的证据却一个也找不到。因此，可以认为，在弱相互作用中宇称守恒定律也许根本就不成立。如果是这样，则"θ—τ 之谜"就可以轻而易举地被解决。θ 介子和 τ 介子原本就是一个粒子，即 K 介子。

他们又谨慎地补充道：

"不过因为目前我们关于奇数粒子的知识仍然很缺乏，所以上述论证是不能认真对待的，倒不如把它看做是考查宇称守恒问题的一个推动力。"

杨振宁和李政道所提出的观点，还尚待实验的验证。但这可贵的念头也许就是走出窘境、摸出黑屋子的方向。

这两位初出茅庐的中国小博士，没有任何历史的成见、没有成功带来的包袱，敢于摆脱已有经验的束缚、敢于冲开固有理论的羁绊。他们并不是拆掉旧理论的整幢房子，而是在旧房子旁建造一个新的殿堂。就像登上了一座新的山峰，视野扩大了，原来隐蔽的东西被发现了，而旧有的理论仍历历在目，只不过显得小了一点，只能成为更广阔视野中的一部分而已。

杨振宁、李政道的论文刚刚发表的时候，由于还没有经过实验验证，很多人不相信他们那不寻常的大胆声明。

泡利，当时世界上最伟大的理论物理学家之一，首先表现出对李、杨的观点难以接受。他在给一位朋友的信中写道："我不相信上帝是一个软弱的左撇子。"并说他已经准备了好一大笔赌注，敢打赌"实验将获得对称的结果"。

加利福尼亚理工学院的费曼教授本来曾认为"在弱相互作用下宇称也许干脆是不守恒的"，可现在他对宇称守恒的看法是："我认为，这个概念不一定兑现，但并非不可能，而且这个可能性还是很惊人的。"另一位实验物理学家诺尔曼·拉齐姆曾对他说："我们来做一下这个实验，看看宇称在 β 衰变中是否真的遭到破坏。你是否愿以100元对1元跟人打赌？"费曼回答道："不，但打50元的赌我倒是情愿！"可惜拉齐姆没去做这个实验，人们没有看到他们打赌的结果。

论年龄，这些科学家是杨振宁、李政道的父辈；论学识，这些人是誉满全球的著名学者。然而，正因为李政道和杨振宁年轻，才没有成见，才能打破传统的观念，实现新的突破。

当然，仅仅一篇论文还不够，还要有令人信服的实验，用无懈可击的实验去验证，去判断。于是李、杨二人又设计了涉及 β 衰变、π-μ、μ-e 及奇异粒子衰变的一系列切实可行的实验方案。正像在诺贝尔奖颁发会上，杨振宁详细介绍的那样：

"所有这些实验的基本原理全都一样：安排两套实验装置，它们互为镜像且包含弱相互作用，然后检查这两套装置仪表上的数据是否总是相同。如果读数不同，就毫不含糊地证明左右对称性不成立。"

然而这种实验难度是很大的，要取得成功，既需要有高超的实验技术，还要有愿意同他们一起冒险的创新精神和不怕失败的奉献精神。谁能为这个敢于唱反调的理论去付诸实践？李、杨二人同时想到了著名华裔女物理学家、β 衰变实验专家——吴健雄。

华裔女科学家吴健雄的贡献

秋高气爽的季节，哥伦比亚大学校园里安逸而静谧。红枫点点，金叶飘飘，绿草萋萋。在高大的红杉树掩映下，雪白的教授住宅巍峨而典雅。在纽约曼哈顿市市区中的这块"世外桃源"，静谧中有激荡，安逸中有战斗，处处都充满着生机。

此时，在著名华裔女科学家吴健雄家里，女主人正在忙着打点行装：出门要穿的、旅行要带的，生活必用的、讲课须备的，都井井有条地准备好了。原来她要和丈夫袁家骝教授进行一次愉快而又轻松的日内瓦、远东之行。袁家骝教授也是著名的实验物理学家，在美国布鲁克海文国家实验室工作。这次远行一来要应邀进行巡回讲学，二来也访友观光轻松轻松。

夕阳愉快地斜洒在茶几沙发和地上的行装上，想到能在紧张的实验室工作之余，忙里偷闲轻松个把月，吴健雄、袁家骝夫妇心里格外惬意，像是要去度蜜月，沉浸在无比的幸福和向往之中。

"铃……"急促的、不协调的电话铃声打破了室内的宁静。

"是吴大姐吗？"李政道浓重的上海腔从话筒里传了出来。

"你好！政道小弟！"和李政道同生在长江口的吴健雄也是满口的上海话。

同是在异国他乡，老乡之情就更胜一筹，所以平时吴健雄和李政道两人一交谈就说家乡话。在周围满是英语的世界里，就别提有多亲热了。

"吴大姐，有件大事请您帮忙，侬不要走，阿拉就到！"电话戛然而断。

近来，李政道和杨振宁关于宇称守恒理论研究的情况，已经沸沸扬扬传遍了整个校园。此时政道小弟来找自己，吴健雄不用猜也知道，准是离不开宇称守恒。她遗憾地看了看坐在对面的丈夫，又看了看地上整整齐齐的行装，已经预感到这次欧洲之行就要泡汤。

　　刺耳的电话铃声打破了沉静，也搅乱了他们精心安排的、幸福的旅行，就像上天有意安排，让吴健雄抛开安逸投入战斗；就像命里注定，让她在打破宇称守恒的重大发现上，重重地画上关键的一笔；让她为炎黄子孙第一次登上诺贝尔奖坛——做出华裔女科学家必不可少的贡献。

　　比李政道大14岁的吴健雄是江苏太仓人，她的家乡浏河镇最靠近长江入海口，郑和七下西洋都是从这里起航的。吴健雄的父亲吴仲裔，早年曾参加过讨伐袁世凯的斗争；母亲樊复华，则是积极提倡男女平等的女权活动家。吴仲裔积极支持夫人樊复华的事业，一起在家乡创办了明德女子职业补习学校。他们有二子一女：长子健英，女儿健雄，次子健豪。给子女起了如此响亮的名字，无非是希望他们的孩子无论是男是女，都成为英雄豪杰。

　　1923年，吴健雄11岁，以优异成绩考上了设在苏州的江苏第二女子师范学校。这所学校环境幽雅、师资雄厚。然而美中不足的是学校只开国文、艺术等文科课程，却没有数学、物理等理科。文静而聪慧的吴健雄，文科功底好，她的作文曾得过老师"眼高于顶，笔大如椽"的美誉。然而谁也不会想到，这位看来文文静静，聪明漂亮的女孩，即非同寻常地想学物理、数学，越是学不到，越是想得很。一天，她央求她的妈妈，说什么也要给她想个办法。"既然师范没有理科，我就想办法给你办一个理科！"历来爽快的母亲，一口答应了爱女的请求。说办就办，第二天一早，妈妈就到上海给女儿"办理科"去了。利索快当的妈妈理科办得很奇特：她既没有给小健雄请家庭教师，也没有为小健雄办什么转学手续，而是跑遍了大大小小的书店，买来了一大摞有趣味的数理化教材和相关的参考资料。当小姑娘从慈爱的妈妈手里接过这些可爱的书籍，高兴得跳了起来。就这样，小姑娘吴健雄靠母亲买来的这套书，开始了在自然科学大海中的遨游。

1929年秋，吴健雄考入了国立中央大学（即南京大学的前身）数学系，一年之后转入物理系就读。当时在中央大学，女生少得可怜，全校仅有100多人，而在理学院就读到毕业的更是寥寥无几。学校里有些女生整天热衷于谈情说爱，在玄武湖边卿卿我我，学业无甚长进，风流韵事却不少。在江南水乡长大的吴健雄，不仅容貌出众，而且才华过人，自然受到不少男同学的倾慕。每当收到求爱信，她都婉言谢绝。为了不受干扰，静心学习，吴健雄在女生宿舍楼后面的平房中找了一间狭窄的，仅能容下一榻一桌一椅的小房。在这令她十分满意的小天地里，吴健雄刻苦地学习。即使逢年过节她也舍不得回趟家，或去南京叔叔家玩，而是忘情地在图书馆读书或到实验室去钻研……后来，她以毕业考试总平均分86.3分的优异成绩毕业，是470名毕业生中当之无愧的佼佼者，年仅22岁就获得理学学士学位。

1936年吴健雄远离祖国，自费到大洋彼岸的美国去深造，在加利福尼亚大学攻读物理。当时她的导师劳伦斯（E.O.Lawrence，1901—1958，著名原子物理学家，因发明和发展回旋加速器以及使用加速器所取得的成果，特别是有关人工放射性元素方面的成果，而获得1939年诺贝尔物理学奖）曾劝告她学点音乐、艺术，不必学习枯燥的原子物理理论，担心吴健雄会像其他女孩子那样有始无终。但勤奋自强的吴健雄毫不动摇，而是更加刻苦地学习。她整日沉浸于知识的汪洋大海之中，常常因学得入迷而忘了吃饭。

事实证明，她的学业超过了许多男生。劳伦斯教授真是口服心服，既佩服她的刻苦勤奋，更赞赏她的聪明过人，欣然收下这位"高足"。

1940年，吴健雄获博士学位，并被母校聘为研究助理，在劳伦斯教授主持的放射试验所工作。后来她先后执教于美国的史密斯学院、普林斯顿大学，又被哥伦比亚大学邀请参加了著名的"曼哈顿计划"。由于她完成了许多重要科研工作，进行了多项重大发明，因而在科学界有很高的声誉。

吴健雄的爱人袁家骝，是袁世凯次子袁克文的儿子。他是在燕京大学毕业后，赴美国留学的博士，也是一位颇有建树的实验物理学家。1942年，他们在美国结婚。吴健雄曾风趣地对丈夫袁家骝说："我父亲早年是讨伐袁世凯的积极分子，他的女儿却和袁世凯的孙子结成百年之好，这真是历史的误会！"

门外传来了敲门声，吴健雄赶紧打开了房门……满头大汗的李政道急匆匆地走了进来。"吴大姐……袁教授！"还没坐稳，李政道就从皮包里拿出了一大堆材料，一边喘着粗气，一边迫不及待地说："快帮帮忙！"一抬眼，李政道看见了沙发前面的行装，抱歉地问："你们要出门了？""没关系，接着说！"安逸和善的吴大姐，递上一杯橘子汁给这位不速之客。他们虽是华裔学者，同在一个学校工作，但由于工作都忙，彼此很少有时间在一起闲聊。然而他们的心彼此是相连的，不管谁有难处，都能鼎力相助。"'$\theta-\tau$之谜'搞得物理学界一片沸腾"，李政道一反平时的温文尔雅，无拘无束地挥着手说，"我和振宁做了理论上的分析，认为弱相互作用下宇称也许根本就不守恒，但关键是需要实验的验证。这是我们的论文，这是我们的实验设想。"李政道一边说着，一边把一大堆材料一股脑地交到吴健雄手中，恳切地对她说："大姐，这个实验非你莫属了！"

翻阅着这些材料，吴健雄很快被这两位年轻人的设想和理论上的创见吸引了，她的脑海里迅速地设想着实验的可能性……宇称守恒，这个被物理学界奉为金科玉律的定律，如今自己的同胞要推翻它，这可是非同一般的大事情……要抢在别人之前把实验做出来才有意义，不过这个实验难度可不小，β衰变需要低温，哥伦比亚大学的实验条件不行，如果去求别人，这可真不好办呀！

她埋头和李政道用家乡话谈了起来，不时地用笔在纸上画着，讨论着。"政道小弟"，尽管李政道是已经结过婚的物理博士，可吴健雄还是这样亲切地称呼他，"只要你们信得过我，我就着手做这个实验！"

一直在一旁的袁家骝教授，他太了解自己的妻子了！看着自己温柔文雅的妻子一下子变成了摩拳擦掌随时准备冲锋陷阵的战士，他深深地知道，不知又要有多少不眠之夜在等待着他……袁教授悄悄拿起了电话，通知航空公司，取消了他们去欧洲之行的机票。

晚秋的纽约，已是秋风萧瑟，而这几天吴健雄教授却忙得满头大汗。根据杨振宁、李政道的实验设想，她已经干净利落地开始了实验前的准备工作。由于实验需要在绝对温度0.01K（即-272.99℃）的低温下，使放射核的自旋获得一致的取向，这就需要有高水平的低温设备和高水平的低温技术专家。哥伦比亚大学不具备这样的条件，吴健雄就四处奔波，积极寻找合适的合作者。

当时，华盛顿美国国家标准局的安布勒正在研究放射性核⁶⁰钴的低温取向问题。吴健雄得知后十分高兴，但仍有一丝忧虑，因为在美国寻找合作者并非容易。安布勒先生也是一名著名的低温专家，不知他是否愿意放下自己手头的研究工作，把设备腾出来，帮助她去做一项还在被人怀疑的实验。

吴健雄亲自赶到华盛顿，直接找到了安布勒，极力向他讲述了这个实验的重大意义，请求他的支持。吴健雄教授的远见卓识和对科学的忘我热情，打动了安布勒先生，他当即答应协助吴健雄做这个实验，并同意把实验设备搬到条件较好的国家标准局的实验室去。

吴健雄领导的实验小组，迅速投入了战斗，除了安布勒以外，还有赫德森、海华德和霍普斯先生，他们在低温实验或核物理实验上，都有一手自己的绝活。

吴健雄领导的这个实验小组所用的实验方法，就是李政道、杨振宁他们在论文中提出的"概率法"：

"选择某种有本征自旋的原子核，并且它们是放射高速电子进行 β 衰变的。设法使一束这样的核都具有相同的自旋方向，例如说，从上面往下看它们都是顺时针自旋的。然后，对向上发射和向下发射的电子进行计数。"

如果向上和向下的计数相等，那么宇称守恒，这是因为从镜像来看，向下的发射相当于在负坐标系中的向上的发射，上下计数相等，正好表明 β 射线的空间分布是不变的；反之，如果上下计数不相等，则表明 β 射线的空间分布是变化的，即宇称不守恒。

这个实验的基本原理虽然十分简单，但实验本身的实施却万分困难。它要求把两种高级实验技术结合起来，以便精确观测放射性核所发射的高速电子，另一方向要精通低温物理学，以便获得与绝对零度仅差1%度那样的极低温度。因为物理的热能，也就是原子随机运动的能量，会扰乱自旋的一致方向，只有把物体冷却到几乎是绝对零度的地步，原子核自旋的轴，才能指向某一给定的方向。

在20世纪50年代中期，只有唯一的办法，即用绝热法去磁法，来取得这样的低温，人们称之为"磁冷"法。具体原理是这样的：某些复盐被放入强磁场中时，它们会被磁化，并在磁化的同时放出热量；反过来，当把外界磁场减弱或撤去时，它们就吸热。利用这个原理，就可以在外加磁场之后，再使这些盐类与外界周围环境绝热，再撤去磁场，盐的温度就会降低。

但是在使用绝热去磁法之前，必须先要获得一个初始低温，这个温度大约高于绝对零度1K，即-272℃左右。然而要得到这个温度就已经很困难了。要用强力真空泵抽走液氦的蒸气，使液氦在低压下沸腾才能得到-272℃这样的低温。而这时液态氦本身已是"超流体"，要把它禁锢起来是相当困难的。

素以严谨著称的吴健雄，对每一个细微的细节都不放过；时刻关心实验进程的李政道、杨振宁，更是常常泡在吴健雄那里。三个人一起反复考虑实验中可能出现的各种情况以及相应的解决方案，因为实验中的哪怕是一个极微小的纰漏，都有可能导致重大的失误。

实验一天天准备成熟，圣诞节也一天天临近。节日前的华盛顿，车水马龙、灯火辉煌，是一年之中最繁华最热闹的时刻。然而近在咫尺的吴健雄的实验室里，却与热闹、繁华无缘，在整整100天的实验日子里，吴健雄竟一步也没有离开过实验室。

1956年12月27日，对实验小组来说是个不寻常的日子。这一天清晨，刚刚度过了圣诞节狂欢之夜的人们，还在酣睡中。日夜奋战在实验室的吴健雄早早就起来了。几个月的实验，更令她牵肠挂肚，睡不安宁。她悄悄穿上衣服，生怕惊醒了别人，她知道大家都太累了。她独自一人泡上杯牛奶，便躲进了实验室。今天是关键的一天，她感到异常兴奋。

前几天，实验几经反复，遇到了重重困难。作冷却用的低温小室，开始是用金属做的；为了取得更好的效果，改成用玻璃来制造，但在实验中又出现了漏气现象；不久玻璃冷却小室又被砸破……然而久经考验的吴健雄，越是在紧要关头，越是沉着冷静。她深深知道，自己的情绪是会影响其他人的。一边喝着牛奶，一边品味着这些天的工作，她深为自己这些助手的精神所感动。他们和自己以前都不是深交，仅仅是为了做这个前所未有的实验才走到一起来的。可是为了实验的成功，他们连圣诞节都没有回家与亲人团聚，和自己一起在这里挨冻，多么好的同事啊！

"铃……"急促的电话铃声打断了吴健雄的思路，这也是惯于早起的李政道打来的。从实验一开始，他们之间就几乎天天通电话。

"现在是基本就绪了，就看上帝的安排了。"

吴健雄倚在实验室的转椅上，轻声细语地说着。

"大姐，圣诞节我特地为你们买了个小礼品，但我没敢送去，我想我们是虔诚的，上帝会向着我们的。"

李政道真真假假地开起了玩笑。

实验组的人都起来了，安布勒胡子长长的，几个月都没刮了。他说非等实验成功的那一天，他才去刮胡子。

望着其他几个人，一个个全都熬红了双眼，吴健雄真不忍心叫他们马上就干，可一切准备就绪，眼看实验成功在即，她又恨不得立即开始工作，便说："咱们是再休息一会儿，还是立即开始？"

"哈罗！吴，"霍普斯笑着说，

"您什么时候做几样中国菜让我们尝尝，就足够了！"

他挥了挥手诚谐地说，"我们来这里可是为了吃您的中国菜，欣赏您的手艺的！"

"哈……"大家都开心地笑开了。

"这很容易，等实验干完，我亲自下厨为各位先生煮几道我们家乡的好菜，保证各位不虚此行！"

好像菜的香味已经飘出来了，大家此时的兴致特别高，几天来的疲劳一打而光。于是紧张的实验又开始了。

大家各就各位，准备开始工作。吴健雄走到每个人身边，叮嘱大家检查好各种仪器，她自己则紧张地注视着计数器。

实验开始了，计数器快速显示，吴健雄仔细地查看着每个由计算机打出来的曲线。随着时间的推移，发射速率越来越趋于稳定，与原来的设想是吻合的。紧接着，她沉着地下了命令："改变磁场方向。"

全体人员的双眼都紧紧地盯着计数器，实验室里只听得见机器的声音。

改变磁场后，如果开始的时候曲线是重合的，就说明正、反方向的磁场对 β 衰变过程的影响是等效的，就说明宇称在最开始弱相互作用下是守恒的，如果初始曲线不重合，则说明实验证实了弱相互作用下，宇称不守恒。整个实验就期待着这个结果。

计数器的荧光液晶数字显示器闪烁着、跳跃着，全组人员十几只眼睛都盯着显示器，紧张得心都要跳了出来。

实验的数值曲线终于打出来了，显示器的数字和实验曲线准确无误地表明：实验成功了！

实验室里一片寂静，只听到彼此的呼吸声。

吴健雄两眼盯着显示屏，深深吸了一口气，大声说道："再来一次！"

重复实验的结果，与前一次完全一样。实验结果再一次准确无误地证明了：在弱相互作用下，宇称不守恒。

准备了100多天的实验最终只进行了20秒钟，就这样胜利完成了！

梦寐以求的结果就这样得到了！

安布勒拿起一杯香槟酒，递给了吴健雄，实验组全体人员都举起了杯子，似乎想说什么，但又什么也说不出来……

大家都感到眼睛湿漉漉的，嗓子眼好像被噎住了。

突然，吴健雄想起了什么，她一转身，对身边的一位小姐说：

"快！快打电话！告诉李、杨！"

成功的消息直奔哥伦比亚大学，李政道激动得完全像个孩子："太好了！谢谢！太感谢您了，我的好大姐！感谢全组的女士和先生们！"

此的杨振宁两眼泛出了喜悦的泪化，他紧紧地，紧紧地握着李政道的手，久久，久久，才说了一句话：

"真太不容易了！"

吴健雄小组的实验结果表明，宇称守恒定律在弱相互作用中被否定了。杨振宁、李政道的理论终于被证实了。这一新的理论对于宇宙的构造，以及较小物质的构造的研究有什么重要的意义，当时科学界尚无法估量。大多数科学家都对此十分关注。

美国著名物理学家杰里夫·伯恩斯坦认为，这是"战后整个物理学上最令人惊奇和激动的事，是科学史上的一个转折点。"有的人认为这一重大发现使"物理学因之进入了一个新纪元。"有的人则惊叹："一个相当完整的理论体系从根本上被摧毁了，我们不晓得怎样再把碎片重新建立起来。"

物理学家莱得曼和范因利希当时正在哥伦比亚大学新建奈难斯实验室中用回旋加速器研究 μ 介子的某些性质，当他们得知吴健雄小组的实验结果后，马上意识到他们有条件完成一个检验李、杨理论的实验。

他们在李、杨提出的 μ 介子实验方式的基础上，通过自己的实验仪器进行实验，结果也证实了 μ 介子在弱相互作用下宇称是不守恒的。不久，物理学家弗里德和特莱格迪在芝加哥用照相乳胶的方法，也确定了 μ 介子的衰变中宇称不守恒。至此，在弱相互作用下宇称不守恒已成定论。

1957年1月15日，在哥伦比亚大学物理系举行了一次大型记者招待会，会上向世界宣布，宇称守恒定律这一物理学中的基本定律，在弱相互作用下予以推翻！

第二天，《纽约时报》头版刊登了宇称不守恒的新闻，著名物理学家奥本海默在给杨振宁、李政道的回电中说："终于找到了走出黑屋子的门！"

1月30日，美国物理学会在纽约召开一年一度的盛大年会，2月2日，年会为宇称不守恒这个专题举行了半天的特别讨论会。参加会议的人数创下了美国物理学会史上的最高纪录。会上吴健雄、杨振宁等作了报告，许多与会专家认为，参加这个会议，有一种亲睹科学历史转折点的感受。

然而，由于缺乏取得重大惊人成果的思想准备，在重大发现面前失之交臂的，却大有人在。

早在李政道、杨振宁取得这一成果的前一两年，大物理学家朗道的研究生曾写一篇探讨在弱相互作用下宇称不守恒的文章，被朗道斥为"开玩笑"。这位研究生出于对朗道的崇拜，而放弃了这一想法，因而他失去了一次发现的机会。

更早以前，在1928年，美国物理学家考克斯在 β 衰变中观察到了宇称不守恒现象。他把衰变电子用于双散射实验，曾经观察到某种不对称现象，指明最初的电子产生了极化。这本来应该说已经和宇称守恒发生了矛盾。但考克斯对宇称守恒定律深信不疑，便改用不极化的热电子重复做了实验。由于改用了热电子，第一次看到的可贵的现象也就没有了。他还以为第一次实验是出现了误差，让发现的机会从身边溜走了，也使这一发现整整推迟了30年。

国际诺贝尔评奖委员会发来了通知，由于杨振宁、李政道一起提出在弱相互作用下宇称不守恒，从而使基本粒子研究获得重大发展而共同获得1957年诺贝尔物理学奖金。听到这个消息，李政道、杨振宁欣喜若狂。要知道，诺贝尔奖在人们心目中是享有崇高地位的，每一个科学家都把能获得这一奖励当作极其崇高的荣誉。

李政道、杨振宁这次获奖的时间，距他们发表《弱相互作用中宇称守恒问题》这篇论文的时间，仅仅一年多一点；而吴健雄的实验证实，也不过是年初的事情。能在这么短的时间内就受到国际物理学界的承认，并获得诺贝尔奖，这在诺贝尔奖史上是罕见的。这说明华人的智慧是超群的。

为了中华科技的崛起

第一位访问新中国的美籍知名学者

李政道、杨振宁不仅是首先获得诺贝尔奖的炎黄子孙，而且杨振宁还是第一个于1971年夏访问新中国的美籍知名学者。

美国国务院亚太事务副助理国务卿李洁明曾说过：

"诺贝尔物理学奖获得者杨振宁博士当年到中国大陆，对中国的现代化有促进作用，而美国目前的政策也是支持及愿意协助中国进行现代化的，杨振宁可以是首开其端……"

1971年春，杨振宁从报上清楚地看出，自1949年以来冻结了的中美关系正在显出融解的迹象。紧接着，他又获悉，美国国务院已经解除了美国公民不可到中国旅行的禁令。于是他迫不及待地访问了新中国。他在《读书教学四十年》一书中这样写道：

"我迫不及待，因为我怕刚刚打开一道小缝的门很可能由于越南战争和亚洲不断变化的地理政治形势而在几个月内又会被重新紧闭起来。"

于是他首先给在上海复旦大学任教的父亲杨武之拍了电报，表达了要去上海访问探亲的愿望。父亲收到儿子的电报后，思绪万千。一方面他十分想念儿子，特别是近年来疾病缠身，更希望儿子回来看看，毕竟是26年未回来过了！另一方面当时在美国居住的儿子回国探亲，还没有过，会不会由于"海外关系"造成什么意想不到的后果呢？考虑再三，他终于还是给国务院写了封信提出了要求能批准他的儿子回国探亲的报告。不久，杨武之得到了满意的答复。于是杨振宁成了"美籍知名学者访问新中国的第一人"。自此，他多次回祖国大陆，曾受到毛主席、周总理等党和国家领导人的接见。

杨振宁虽然加入了美国籍，但不管如何，中国——是他永远不能忘怀的神圣故土。周培源先生不止一次地赞扬他是"一位爱国的科学家"，说"他是第一个回国访问的美籍科学家，在这一点上是任何人都不能与他相比的！"

杨振宁的首次访华，叩开了中国紧闭20多年的科技大门，从此，大批著名外籍科学家陆续不断地回到祖国访问，为新中国科学的发展起了巨大推动作用，也为中国的现代化迎来了一个充满朝气的新局面。

返回美国后，杨振宁积极宣传新中国的变化及成就，并放映解说他自己在中国摄制的幻灯片。他盛赞"新中国是一个伟大的国家"。由于他的名望和地位，他的讲演和报道在美国社会起了很大的作用。在当时中美关系还没有解冻的情况下，他这样做是担了很大风险的。但他认为如实报道中国各方面的伟大成就是他的义务。美国联邦调查局在他访问中国回到美国后，曾多次找他，他镇定而坚决地说："在中国，我的父亲、母亲、弟妹们——我的亲属们都在那里，我的许多朋友在那里，我想念他们，所以我要去看望他们……这并不触犯美国的法律！"由于他在学术上有很高的地位，他经常到欧洲、南美洲、东南亚、日本等地去讲学或访问，每到一处，大家都请他讲中国的情况。他的报告在这些地方，尤其是在华侨中间产生了很大的影响，使许多外国人特别是科学家，都愿意同中国接近。

杨振宁十分关心中国的科技教育事业，并为此献力献策。他曾参与创办了在北京出版的《科技导报》；在美国石溪纽约州立大学发起组织CEEC（与中国学术交流委员会），资助新中国的学者去该校进修；在香港亿利达公司刘永龄先生的热情慷慨资助下，先后提议在中国发起并设立了"亿利会"，以勉励青年学生努力学习，脱颖而出。1990年1月5日，江泽民主席会见了他，他表示，希望新一代的领导人，把发展教育、科技，视为重要国策。

杨振宁任全美华人协会会长，为加强中美两国之间的了解和友谊，做了大量的工作。他十分关心祖国的统一大业，他曾说：

"贯穿历史的只有一个中国。在世界人民心目中只有一个中国，在中国人民心目中只有一个中国：合则盛，分则衰。"

他相信，台湾与大陆的分裂状态终将结束，祖国的完全统一定会实现。

"李精于学"

杨振宁回国之行，深深触动了李政道的心。1972年9月19日，李政道偕夫人踏上了阔别26年的祖国。自那以后，李政道曾多次回国探亲和讲学，受到了毛主席、周总理及邓小平等国家领导人的接见和赞扬。周总理生前曾评价他"李精于学"，这一点他是当之无愧的。

1946年他从灾难深重的故土走出来，是怀着一片科学救国之心到美国求学的。离开故土的26年来，李政道无时无刻不准备着回到祖国，为使中国繁荣昌盛而贡献自己的聪明才智。如今，他已是蜚声国际的大科学家了，但是他并不满足。他说："一个科学家，能为人类认识大自然尽一点力量，是最令人欣慰的事情。"他又认为，人类对自然规律的认识是无止境的。在接受诺贝尔资金的仪式上，他曾生动地谈到孙悟空翻筋斗的故事："孙悟空尽管一个筋斗能翻十万八千里，但是翻来翻去还没有翻出如来佛的手掌心……我们在寻求知识的过程中，可能做出迅速的进展，但我们必须记住，即令我们翻筋斗翻到如来佛的手指根上，我们距离绝对真理仍然是极其遥远的！"他没有陶醉于已取得的成就，仍然孜孜不倦地努力攀登科学的高峰。

20世纪70年代中期，李政道又大胆提出一项新"核物质"的可能性。他说，在未来几年内可能会产生比铅重50倍的"超密核子"。同时在理论上推测"可能会产生由700—1000个稳定的质子数的新元素"。他计划"用一种新加速器，以重核子来撞击，设法产生像'晶体'般大的'超密核子'，所产生的原子核将会比原来的要大。"他的这一新理论，引起科学界很大的重视。"超密核子"一旦产生，会对基本核子发生重要的影响，将会有更多而且能量更大的"新原子核"产生，其意义极为深远。由于他在基本粒子研究的前沿始终勤于耕耘，因而硕果累累。他还以独创的精神提出了"非连续性力学"、自由态夸克、真空等问题的新见解，使他在国际高能物理学界被视为"最有潜力的人物"。难怪美国著名科学撰述家吴贝尔这样说："李政道教授具有已故天才科学家爱因斯坦所特有的那种能作'超时代大胆想象'的特殊能力。"这一赞誉是很难得的。

李政道对中国青少年一代特别关心，早在1974年，他就向毛主席、周总理建议要从小选拔，培养人才。当他得知中国科技大学试办了少年班时，非常高兴，在繁忙的讲学中挤出时间专程去看望少年大学生，传授治学方法，挥笔为少年班题词："青出于蓝，后继有人。"勉励他们好好学习。

1979年李政道教授应中科学院的邀请，为中国的研究生讲学。为了在短时间内多讲授些课程，他坚持每天讲授3小时，连续7周讲授110个学时，讲完了"粒子物理"和"统计力学"两门课程。在美国，一年中通常他只讲28—30个学时，这次的讲课量竟是他在美国通常情况下3年的教学量！

为了尽快为祖国培养人才，李政道教授费尽心血从1979年起，倡办了CUSPEA《中国—美国联合招考物理研究生项目》。仅1979年一年，李政道就给美国40多所大学的教授写上了上百封信，取得这些教授的支持，同意按照本国研究生的条件和待遇招收中国研究生。至1989年，美国已有70多所大学招收CUSFEA研究生。在李政道教授的努力下，中国已送出1000多名优秀学生到美国一流大学攻读物理学。

李政道对这些远离祖国的学生有如慈父严兄，不仅关心他们的学习和生活，更关心他们的思想成长。有一次，纽约地区攻读物理学博士学位的120多名中国留学生，在哥伦比亚大学物理楼举行学术讨论会。李政道在会上讲话时，有的学生不认真听讲，在后面交头接耳。李政道声色俱厉，整个会场顿时鸦雀无声。他严肃地说：

"请各位听着，你们有这个机会再不听的话，你们是没有前途的。

……

中国人不尊重自己，不尊重科学家的人是没有前途的。今天我在这里讲演的时候，后面还有人讲话，这是我到世界各地去讲演的时候所没有遇见过的，即使听众1000人，也没有这种情况，都在注意听。昨天，全世界、全美国200多位物理学界有成就的人都来了，为什么他们都尊重我呢？你要自己尊重自己，你们对得起自己，你们必须努力。200年来，中国人是受压的，但炎黄子孙是要抬头的。你们是精华，你们必须尊重自己，你们必须向前看。你们必须告诉自己，你们是优秀的，你们是要负责任的。20年后，在座的人中会有出色的物理学家，你们要看到这不是几块钱的事，你们要把建设国家的责任放在自己的肩上。"

李政道把对这些学生的爱，全部倾注出来，他是那样激动，那样坦率，使在场的许多同学都流下了眼泪。主持人请他给同学们题词，他当场写下了"自尊向上，不进则退"八个大字。与会每个同学都拿了一张题词的复印件，作为座右铭。

后来李政道对同学们说，他由于"爱之深"，所以说话尖锐了些。但这些尖锐的话，对在扬的学生，甚至对所有中国的留学生都是刻骨铭心，终生难忘的。

在CUSPEA繁忙的工作中，李政道还惦念着，如何使这些相当数量的获博士学位的青年能对建设四化发挥最大作用。1984年回国访问，再次受到了邓小平同志的会见。

李政道就我国留学生博士后的工作，与邓小平同志进行了交谈。当时邓小平同志问，"博士"这个名称恐怕在汉朝时就有了。博士的知识显然已经很博了，为什么还要有博士后呢？李政道解释说，在大学的时候，老师给大学生出的是已经有解的题目，然后老师指导他解题。大学生按照在学校学习的课程，解老师给他的题目。如果这个解与老师知道的正确解相符合，这个学生就能完成大学学业，得到学士学位。在研究院，老师给研究生出的题目，老师也并不知道怎么去解，研究生按照所学的知识来解老师的题目，而这个解由老师自己与同行来谈判，主题是对的，就可以从研究院毕业，获博士学位。可真正的研究，真正的发挥，是要自己出题目，独立进行研究。这个独立研究的阶段，就是博士后的过程，因此必须有博士后。从研究院出来的博士后，就能成为独立的研究人员……中国要建设现代化，毫无疑问，必须要有一支能够独立研究的精锐队伍，人数不一定要多，但要精。必须能够独立进行创造，才可以有所发展，才能够跟人家竞争。只有这样，国家才有希望，才能够面向全世界去发展。一向关心科学教育的邓小平同志听后大为赞赏。

　　紧接着，李政道又伏案提笔，以高度的民族责任感，再次给国家领导人写信，提出了建立博士后科技流动站的具体设想。还根据中国的国情，就拨款的规模、博士后人员的户口、工资、编制、住房等具体问题提出了设想，并建议可让他们到国外去从事"博士后"工作，作为国内"博士后"制度的补充。鼓励从国外回来的博士在国内工作一年后可允许再次到国外做博士后，以保持与科学前沿的接触。此外他还认为博士后流动站不宜全部集中在北京，外地也应精选一些点，以鼓励各地的积极性和各省市竞争。还可由多方筹集资金。

我国领导人十分重视李政道的这些建议，邓小平指出，"博士后的这个办法很好，我赞成培养和使用相结合，在使用中培养，在培养和使用中发现更高级人才……这是培养使用科技人才的好制度。"

在邓小平同志的支持下李政道先生的建议得到了很好的实施，我国已于1985年7月5日实行了"博士后科研流动站"的试点方案。仅仅几年，少年班、CUSPEA班、博士后流动站在中国物理、生物、化学等各个领域都结出了硕果，许多科技后起之秀脱颖而出。李政道对这些人才充满了希望，他常自豪地说，在哥伦比亚大学物理系，前4名几乎每年都是我办的CUSPEA的中国学生。其他如哈佛、普林斯顿、耶鲁也都是这样。因此，今后20年的科技领域有成就的人部分都是华人，这是没有问题的。他认为我们的竞争不光是在经济上，也在科技发展上，不仅需要跟人家手拉手，而且要领先。要领先就要有一支精锐的、有独立创造性、能够突破的队伍，今后的博士后人才就是将来的这个队伍。那时，世界科技领域的局面就会大为改观。

李政道曾说："我现在是1/3时间用于CUSPEA，1/3用来帮助和发展中国高能物理事业，剩下的1/3时间做物理研究。"值得敬佩的是，他不仅自己"精于学"，用仅有的1/3时间做出了具有世界水平的物理研究。他倡导的CUSPEA，也为中国培养了不少"精于学"的高级人才，而他"精于学、勤于业"。用于帮助发展中国发展高能事业的1/3，同样取得了令人瞩目的成果。

早在1972年，李政道第一次回国探亲时，就向周总理提出了建设高能加速器的建议。1984年10月，他陪同邓小平同志参加了中国第一台高能加速器——北京正负电子对撞机工程的奠基仪式。自这项工程开始以来，由李政道任终身主任的世界实验室中国高等科学技术中心，每年都选择几个世界科学最前沿的课题，分别邀请约10位第一流的国外专家学者来华举行国际学术工作会议，介绍各自领域取得的进展、存在的困难和发展前景。在建造过程中，李政道还组织美国5个高能实验室的一流专家，帮助解决了从设计到安装中的许多难题。

1988年10月16日凌晨5点56分，位于北京西郊的中国科学院高能物理研究所传来喜讯，我国第一座高能加速器——北京正负电子对撞机首次对撞成功！这是一项被认为中国科技史除原子弹以外最庞大、最复杂的科技工程。它的建立，标志着中国高科技研究能力已经达到国际先进水平。消息传开，全国人民无不为之欢欣鼓舞。邓小平同志亲自来到这里，参观这项中国科技史上最宏伟的工程，并向中外专家和科技人员表示祝贺。他一下车走进休息室，第一个就与李政道握着手，亲切地对李政道说："感谢你为这个工程做了很多工作。"

李政道笑着说："这是中国实行改革开放政策的结果。"

邓小平同志代表全中国人民道出了一句真诚的"感谢"，表达了全中国人民的心声。感谢你，李政道先生，你为中国的科技教育事业真是贡献得太多、太多了！你是中华民族的骄傲！在中华民族的史册上，将永远记载着中华骄子——李政道的不朽的功绩！

世界五千年科技故事丛书

世界五千年科技故事丛书